# EASTER BUNNY AND EGG COLORING BOOK FOR KIDS

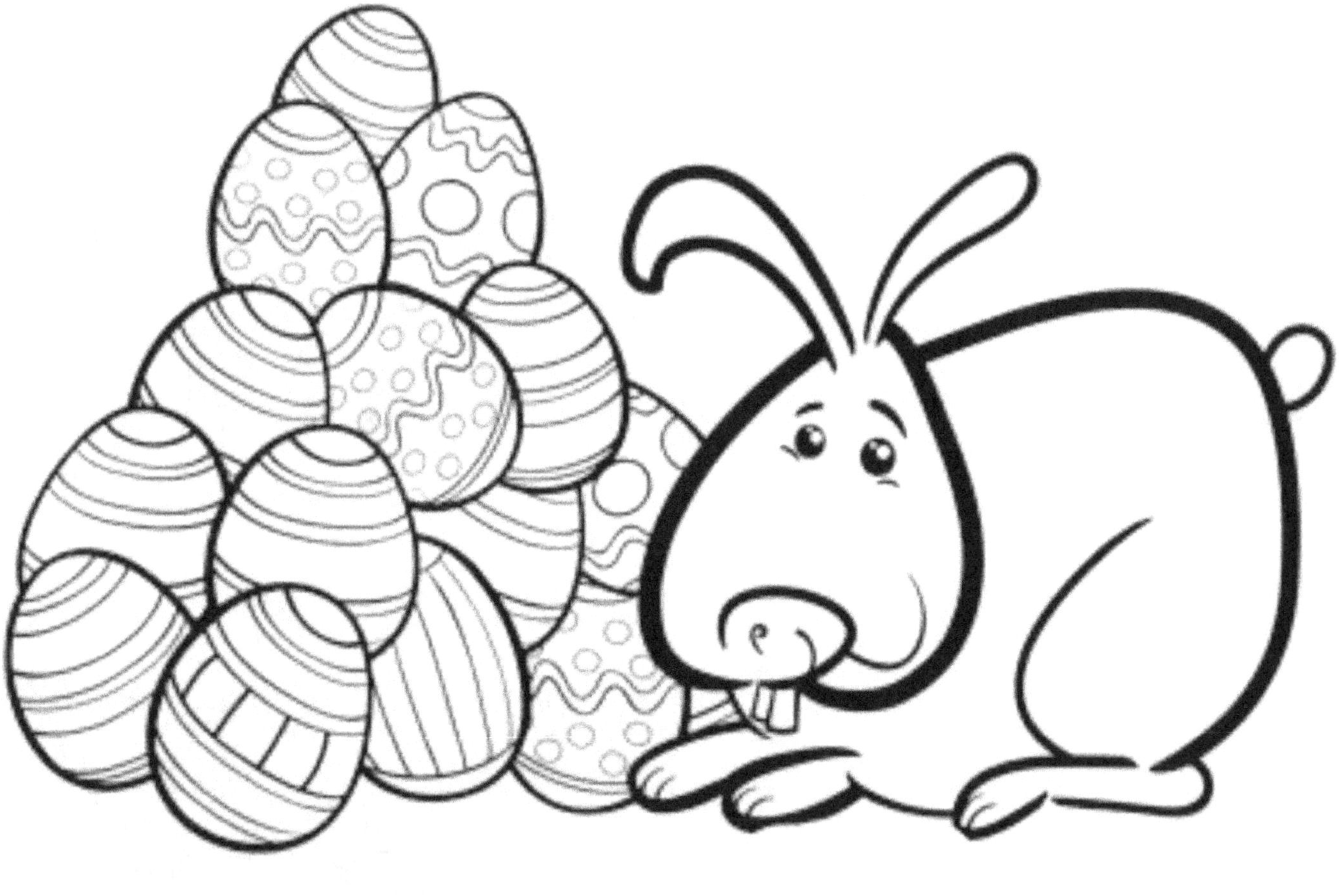

# THIS BOOK BELONG TO

• • • • • • • • • • • • • • • • • • • •

• • • • • • • • • • • • • • • • • • • •

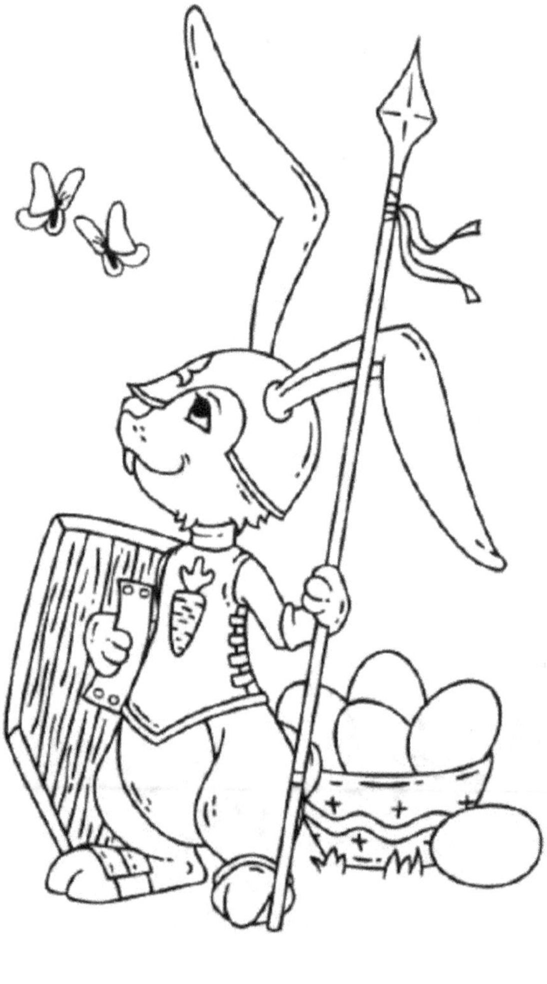

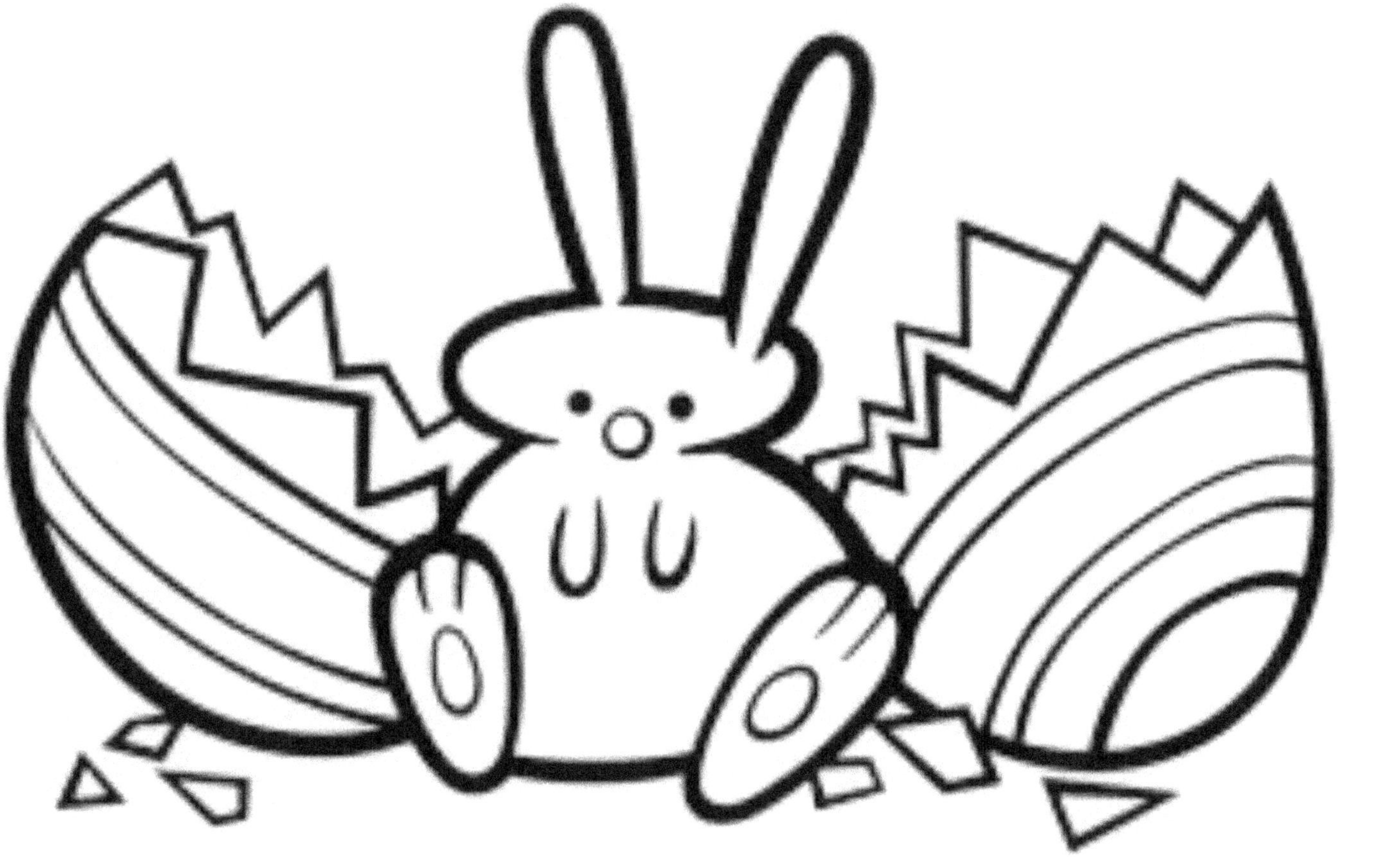

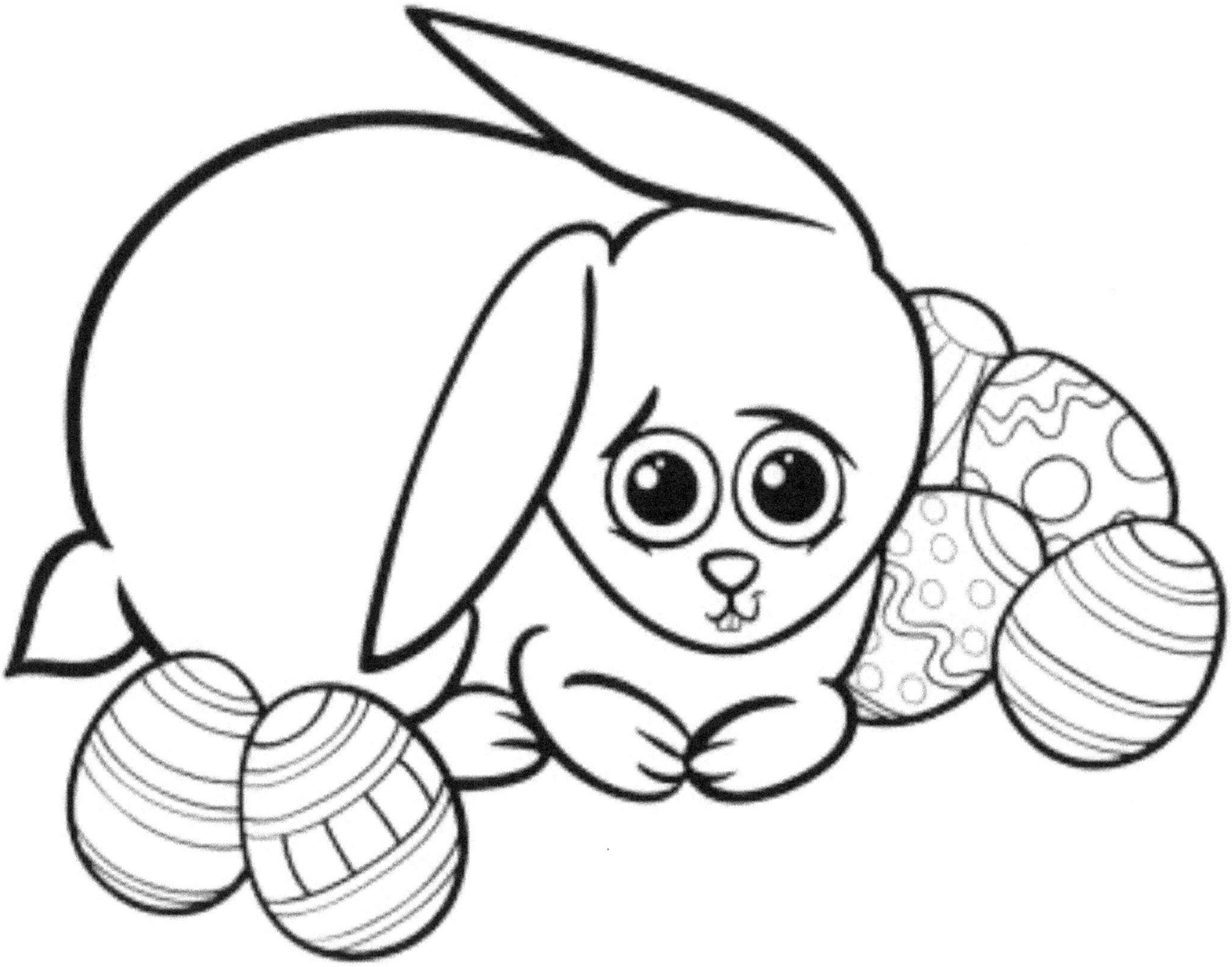

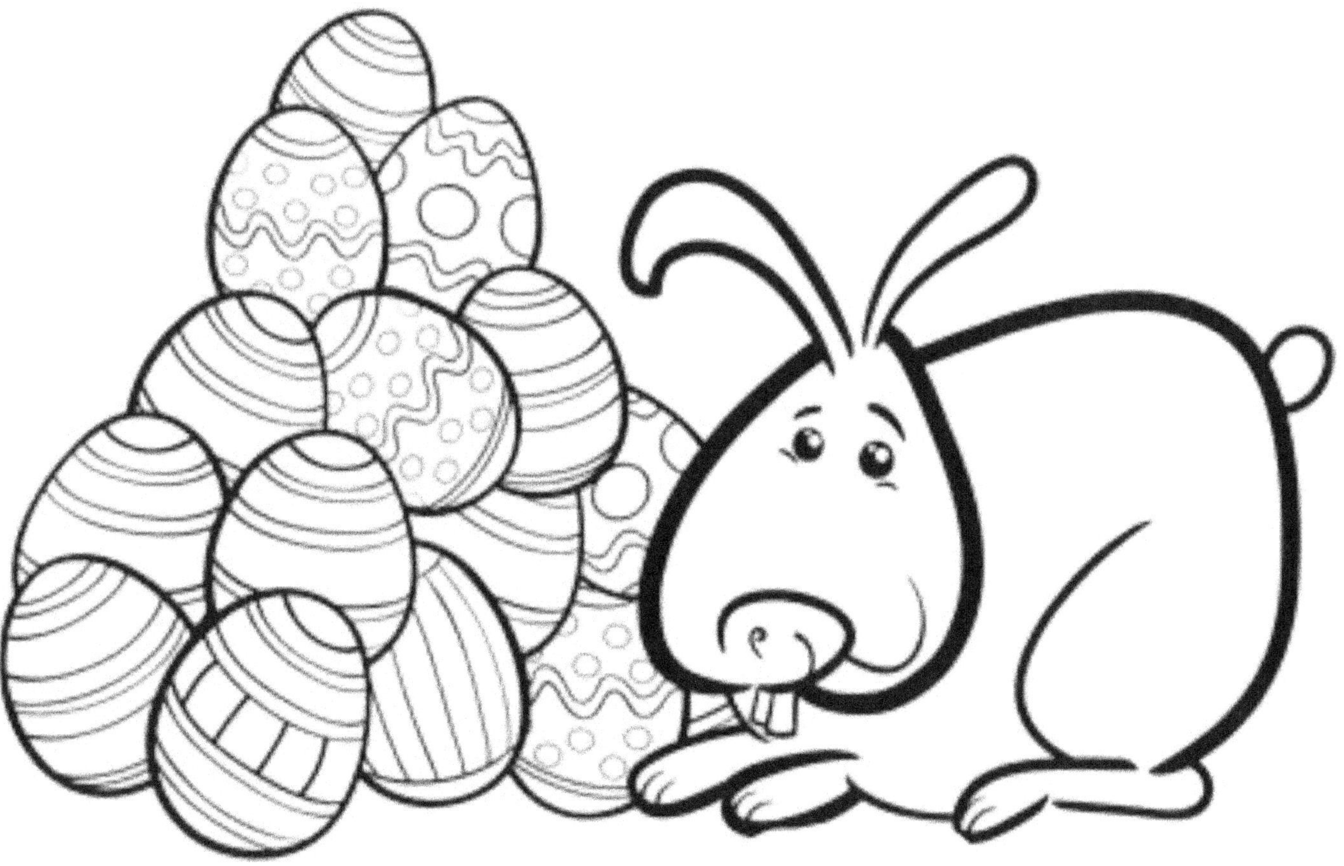

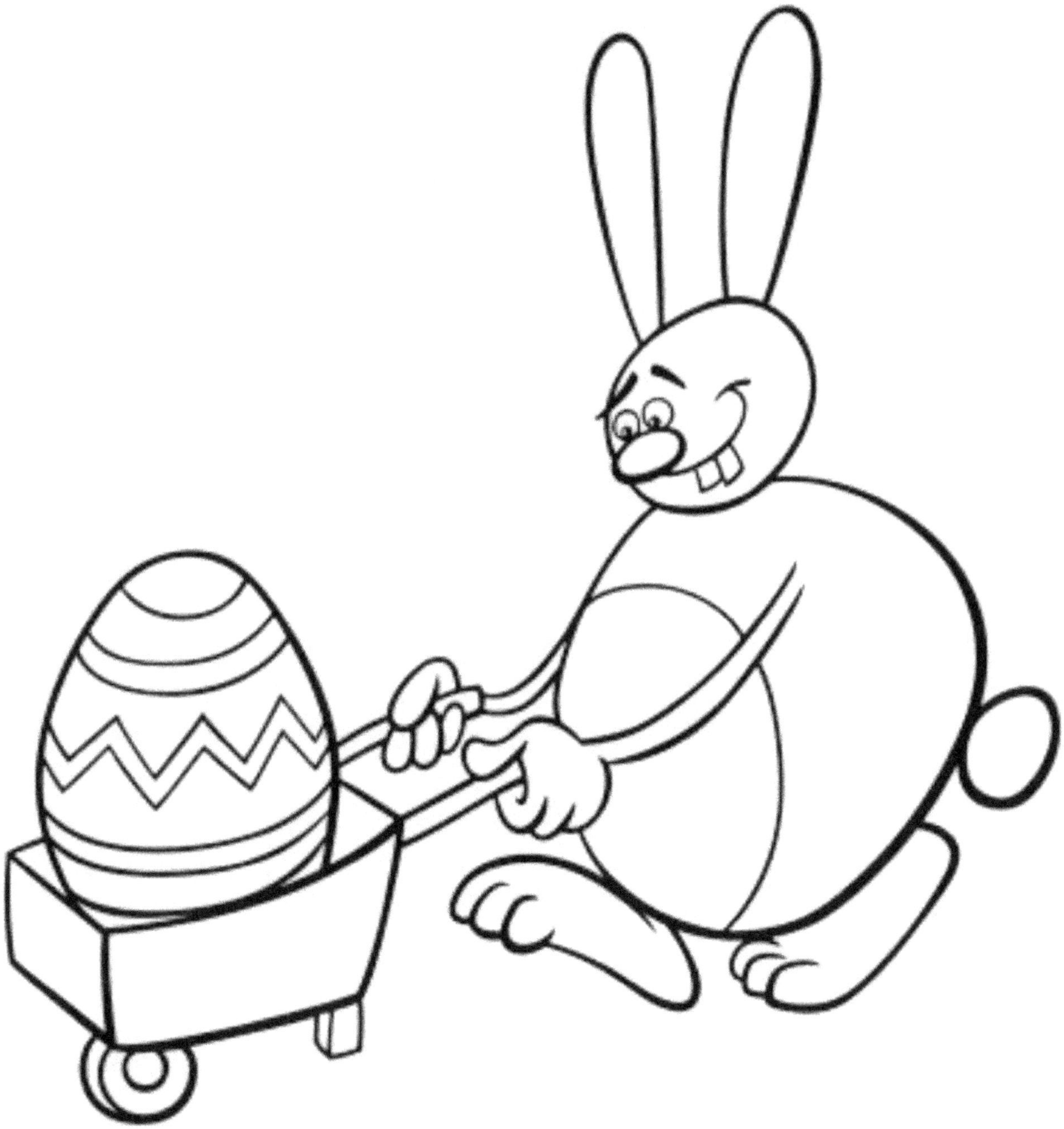

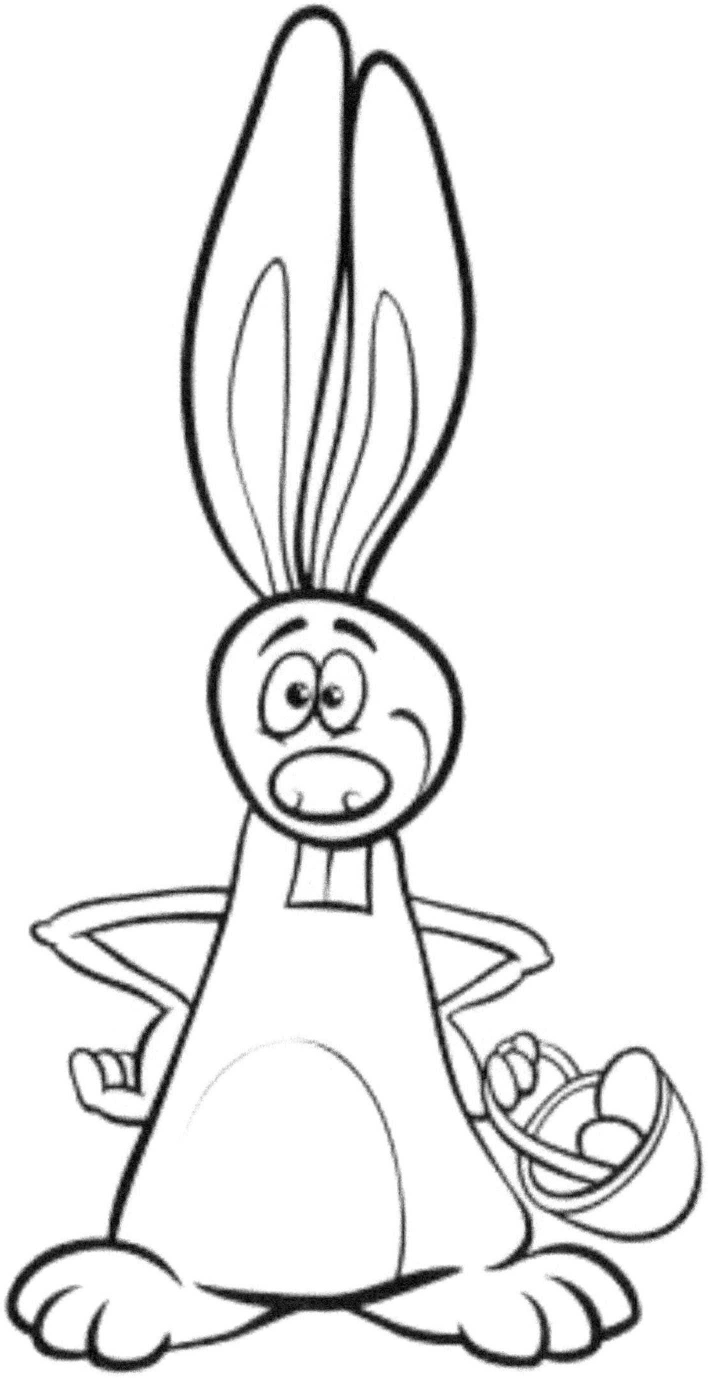

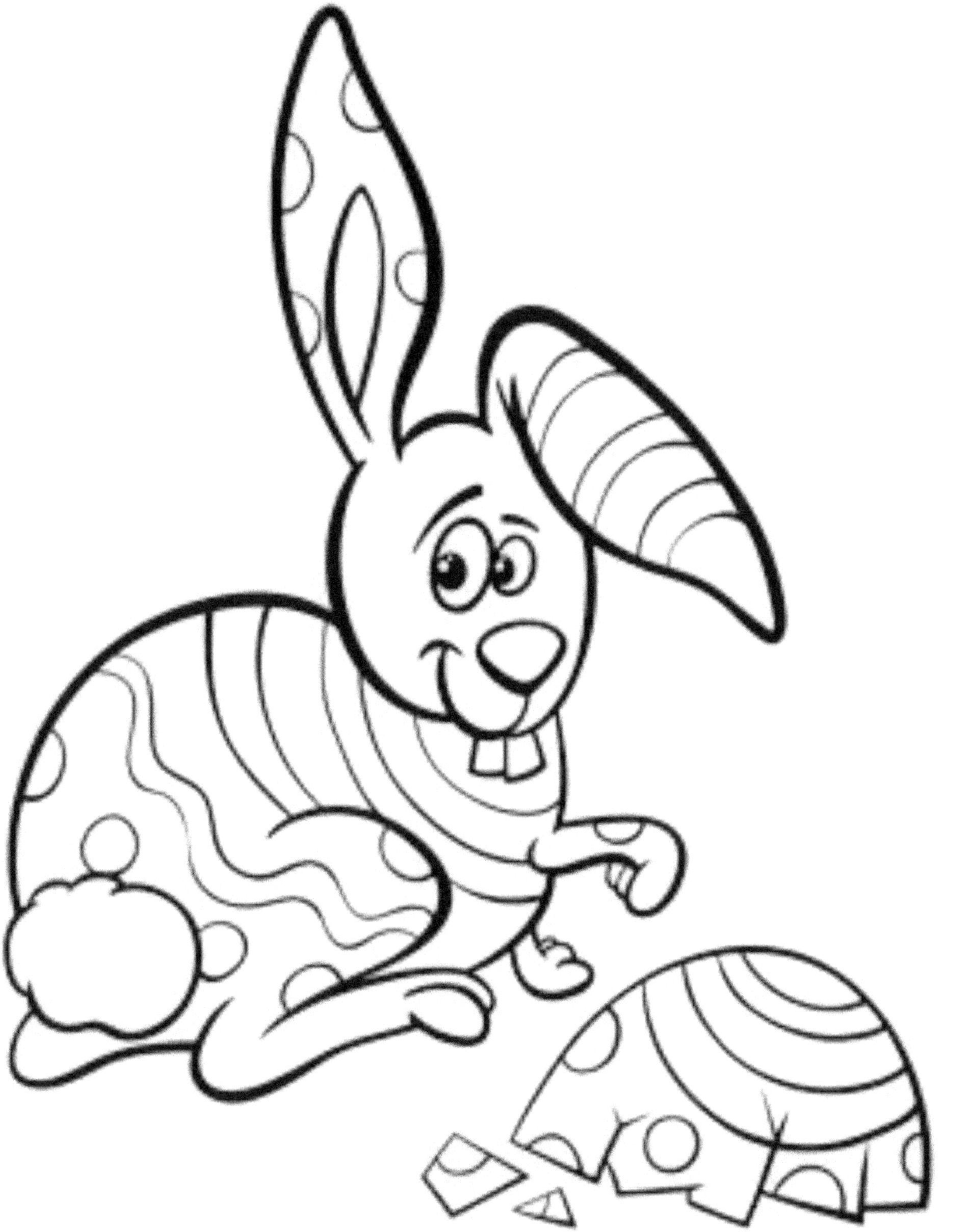

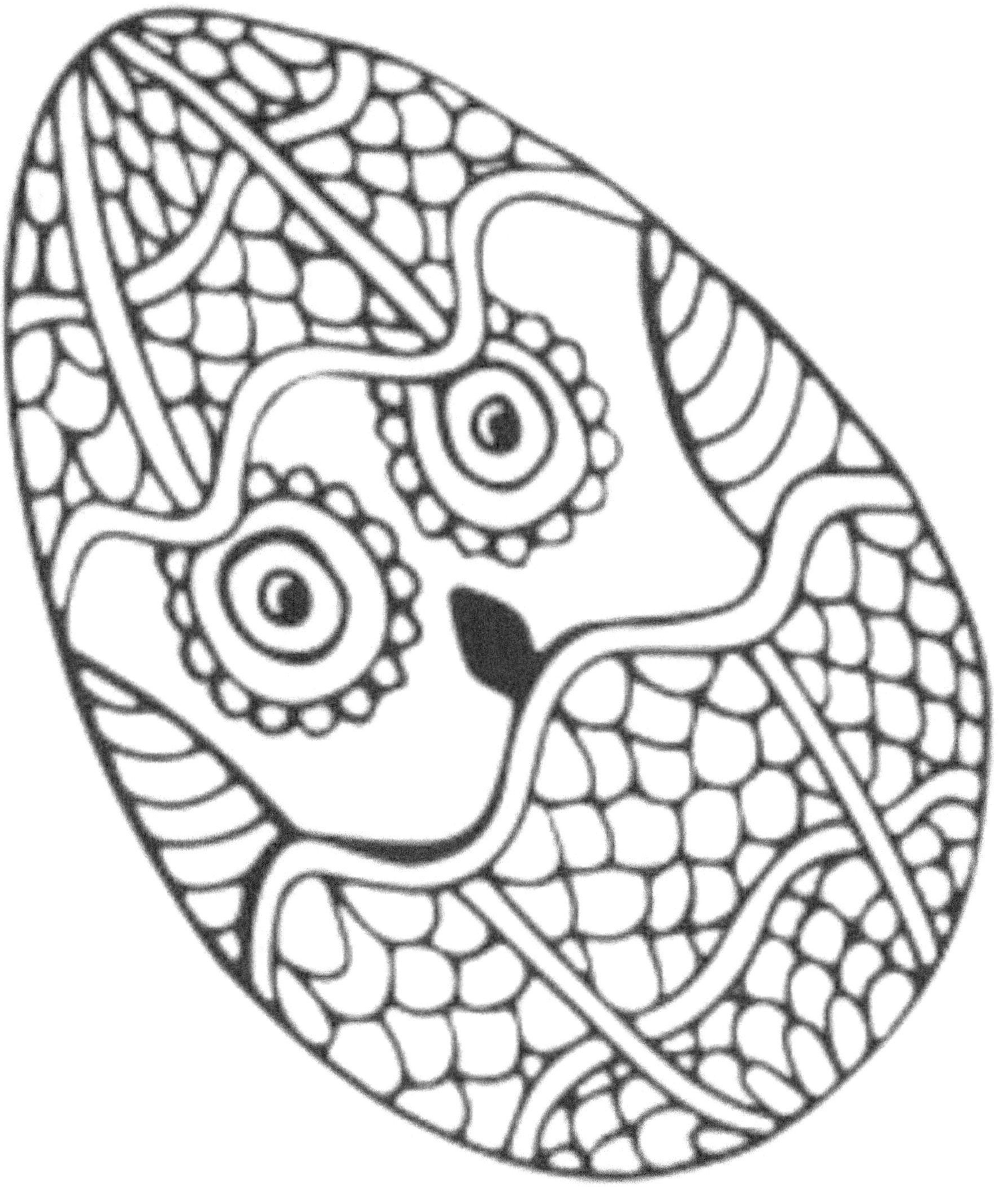

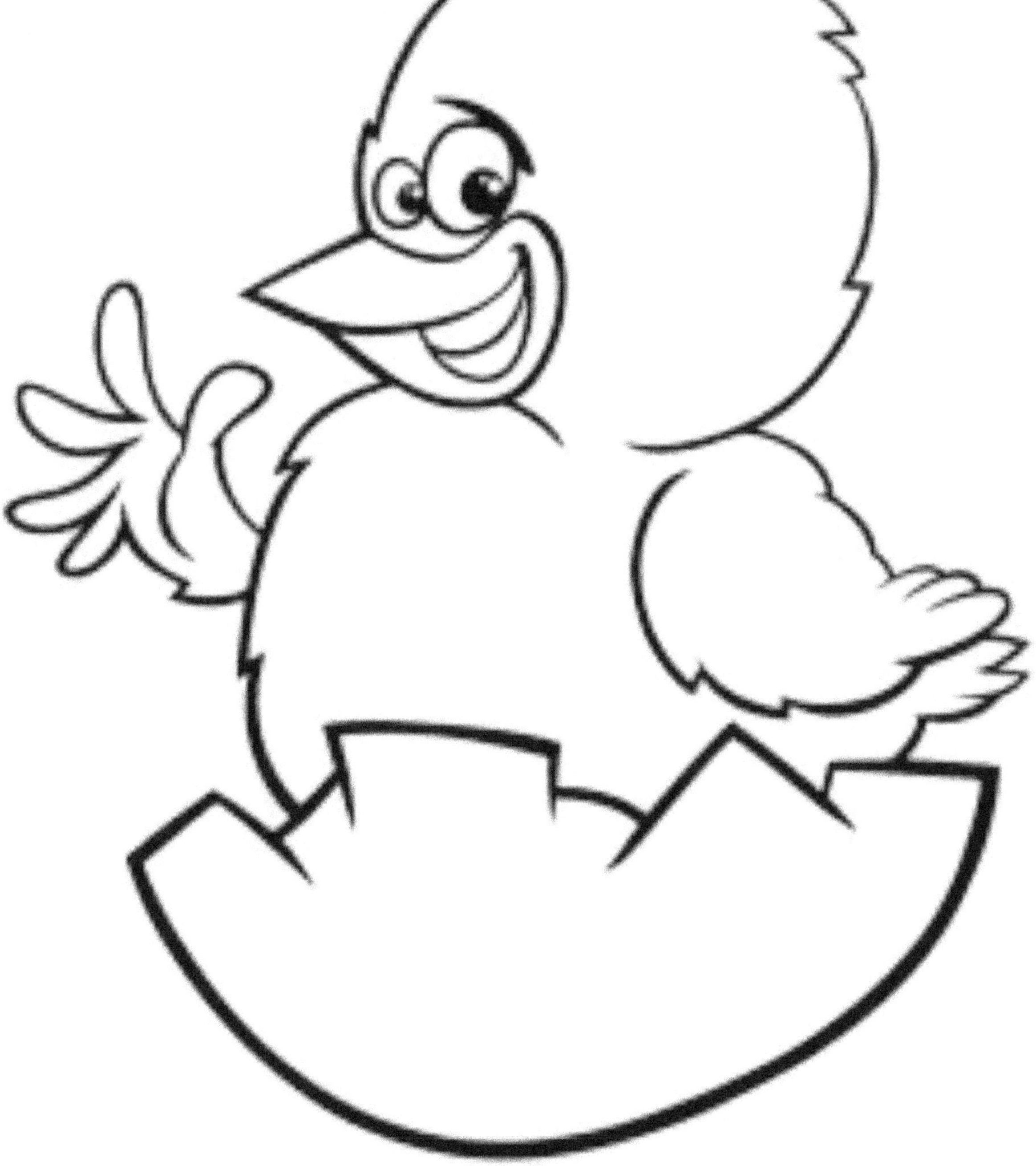

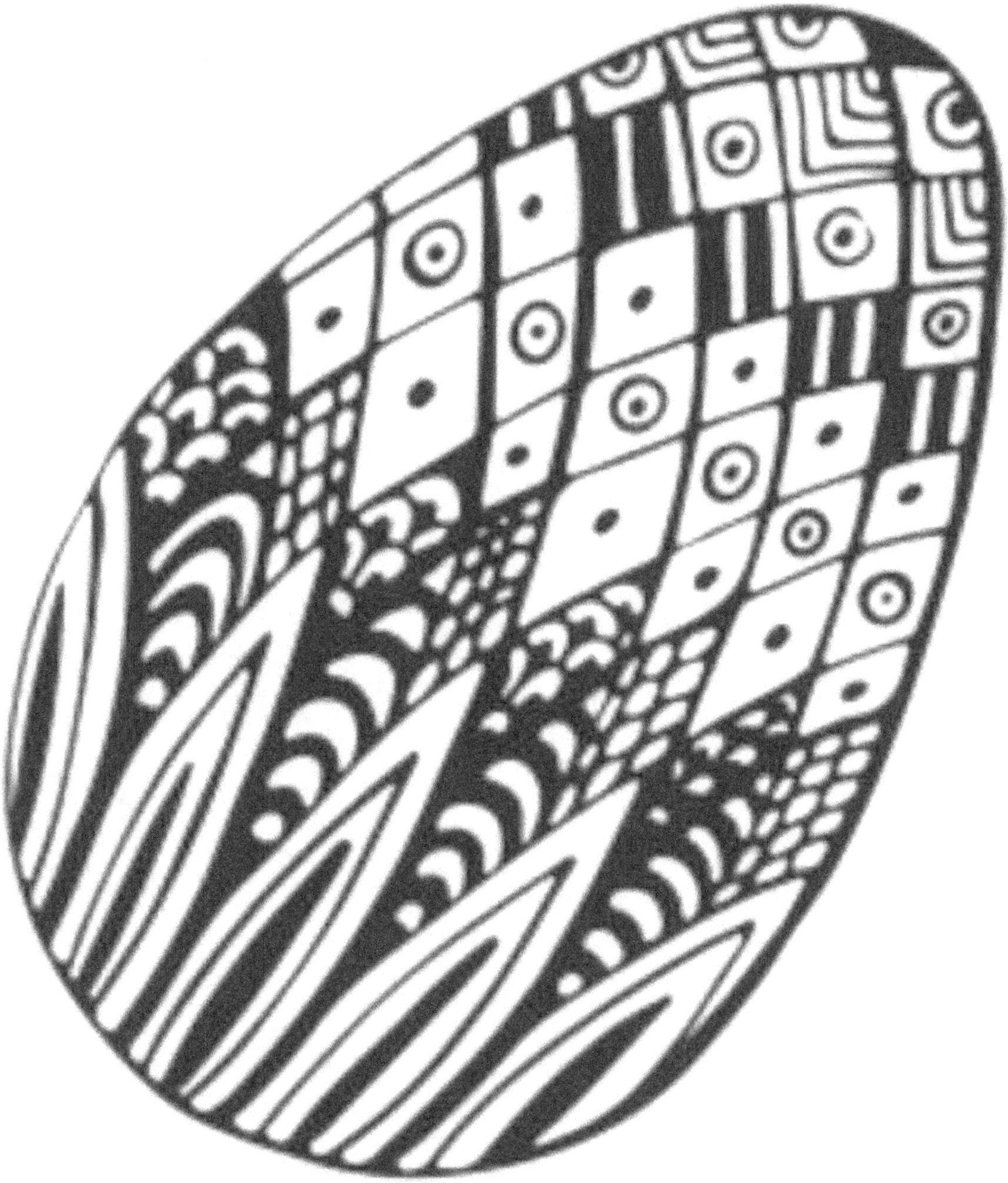

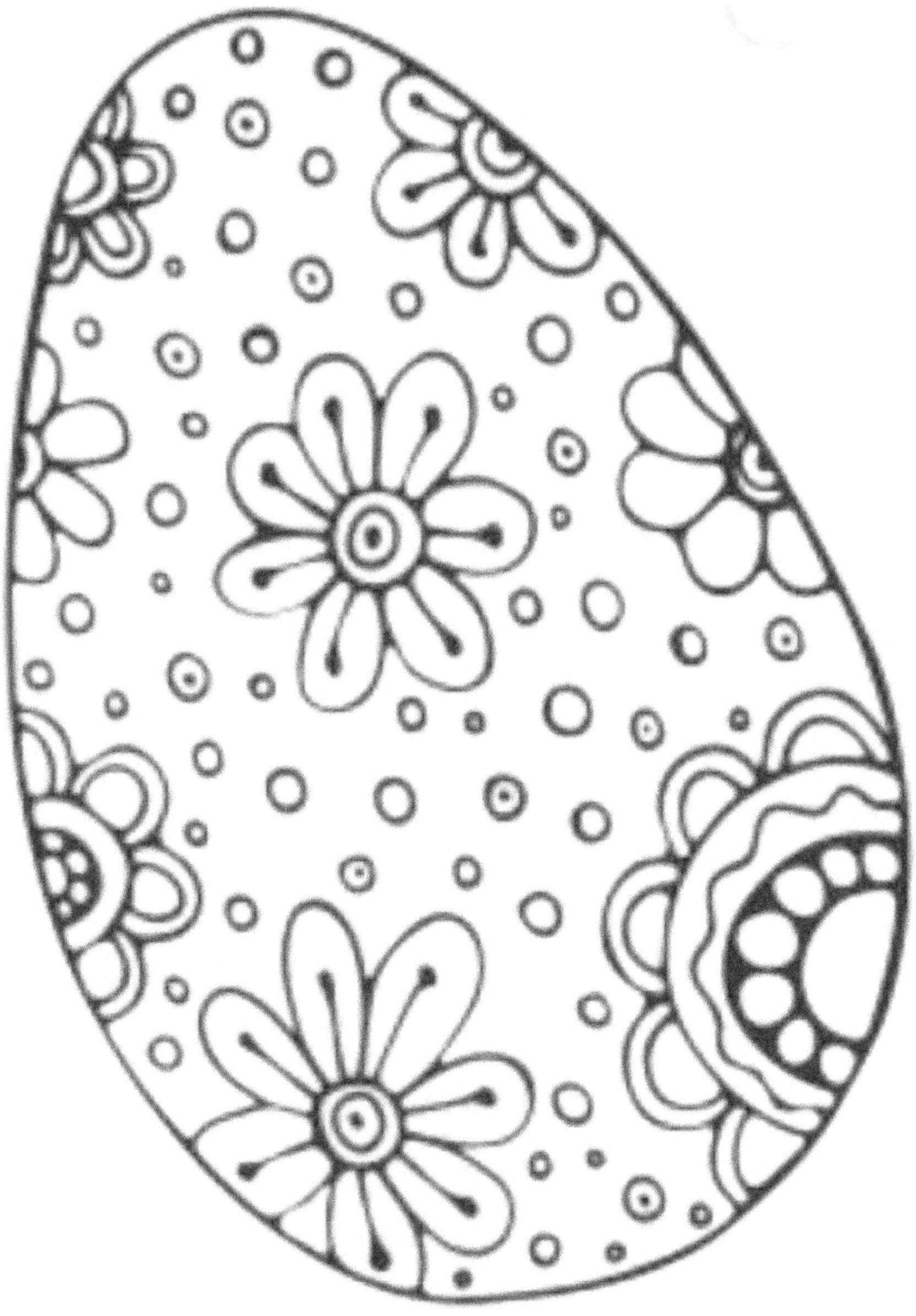

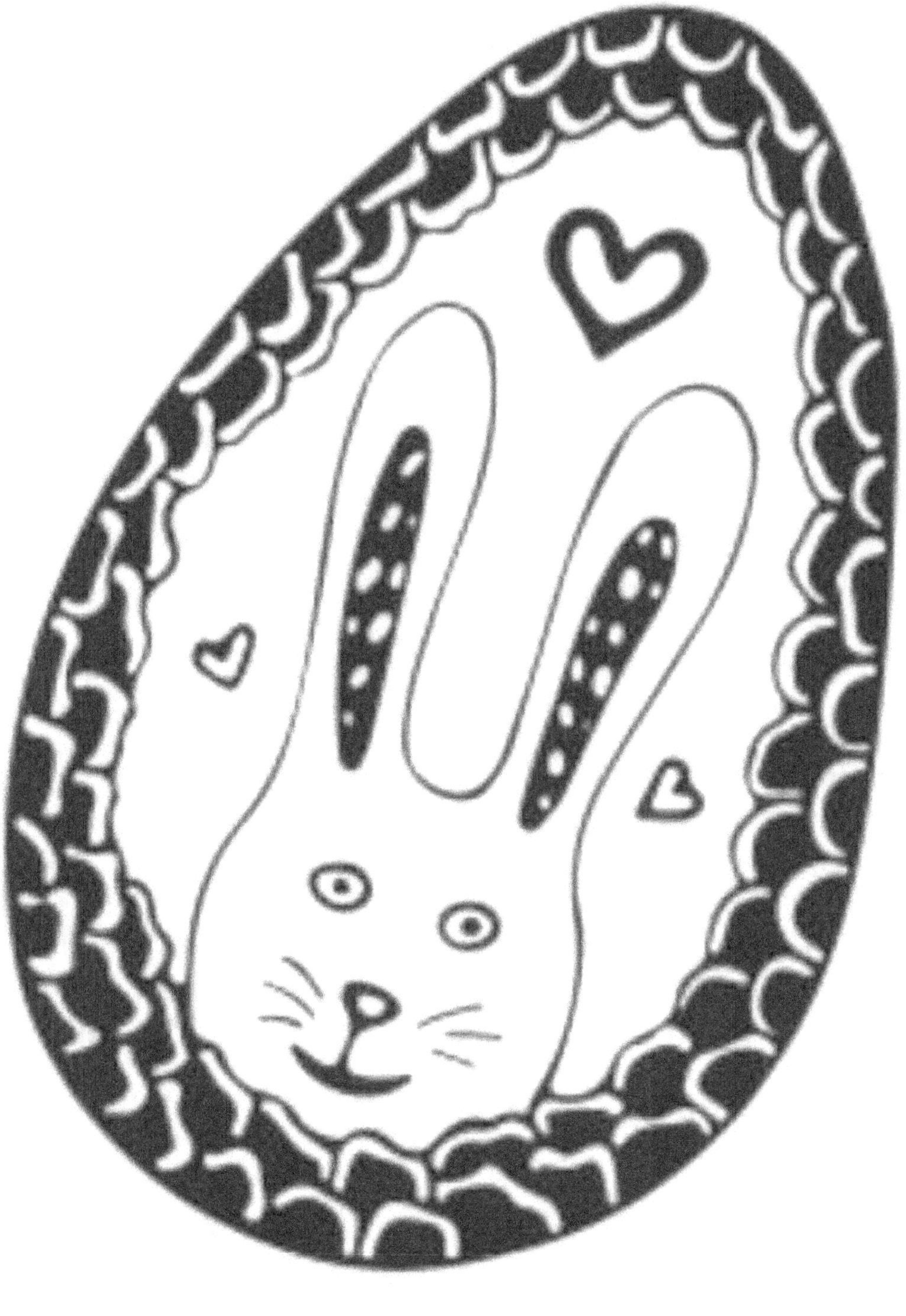

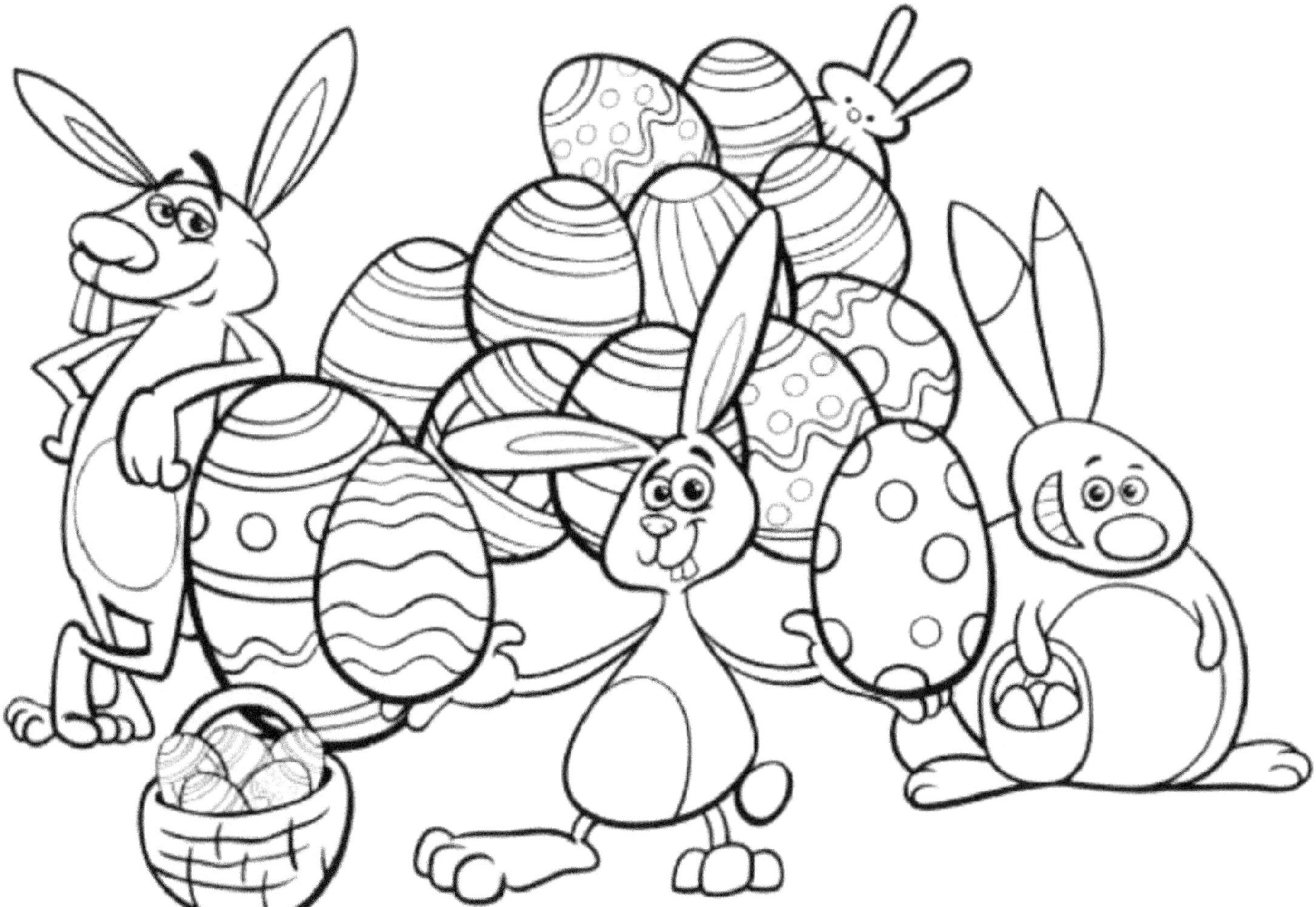

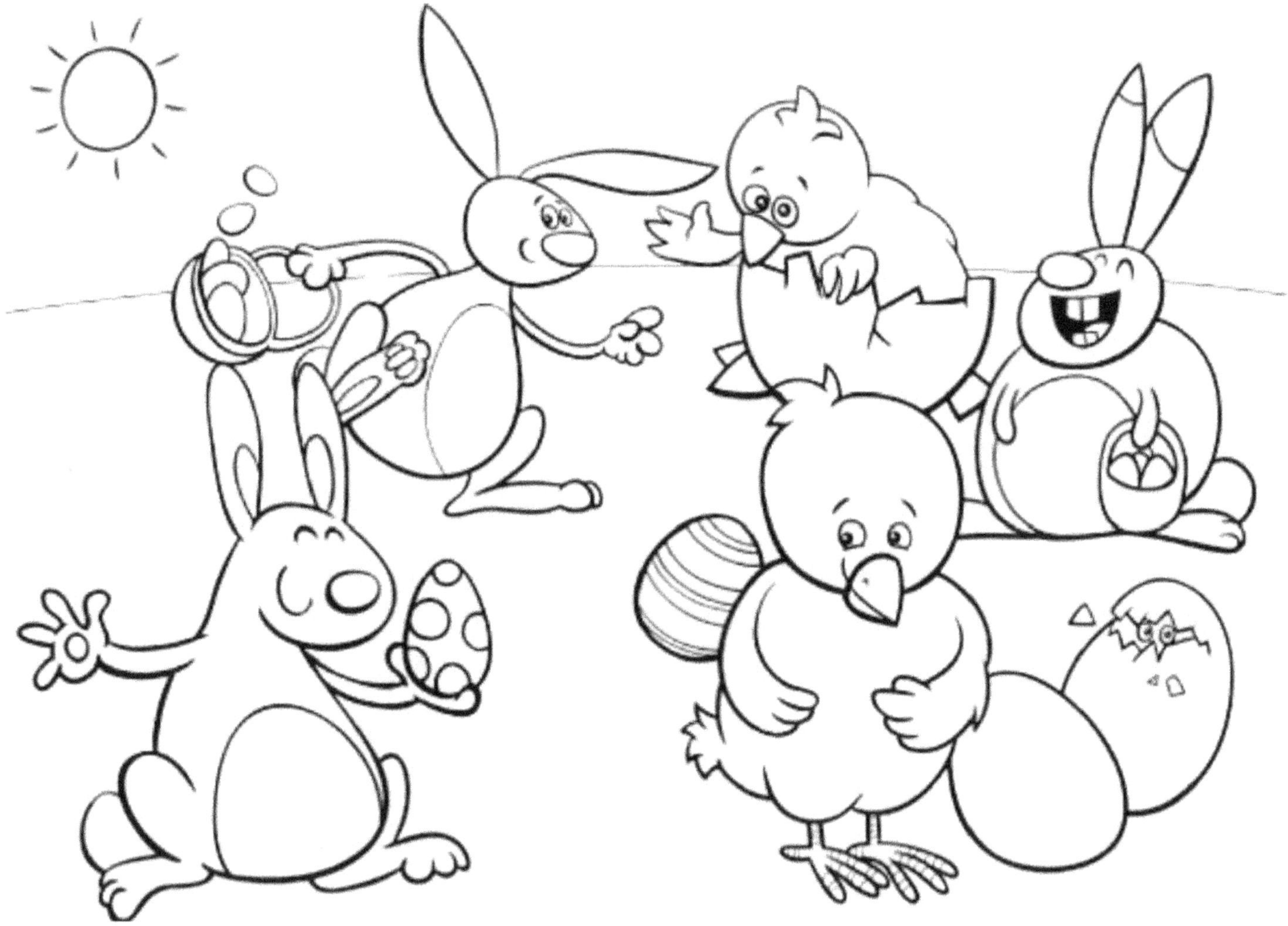

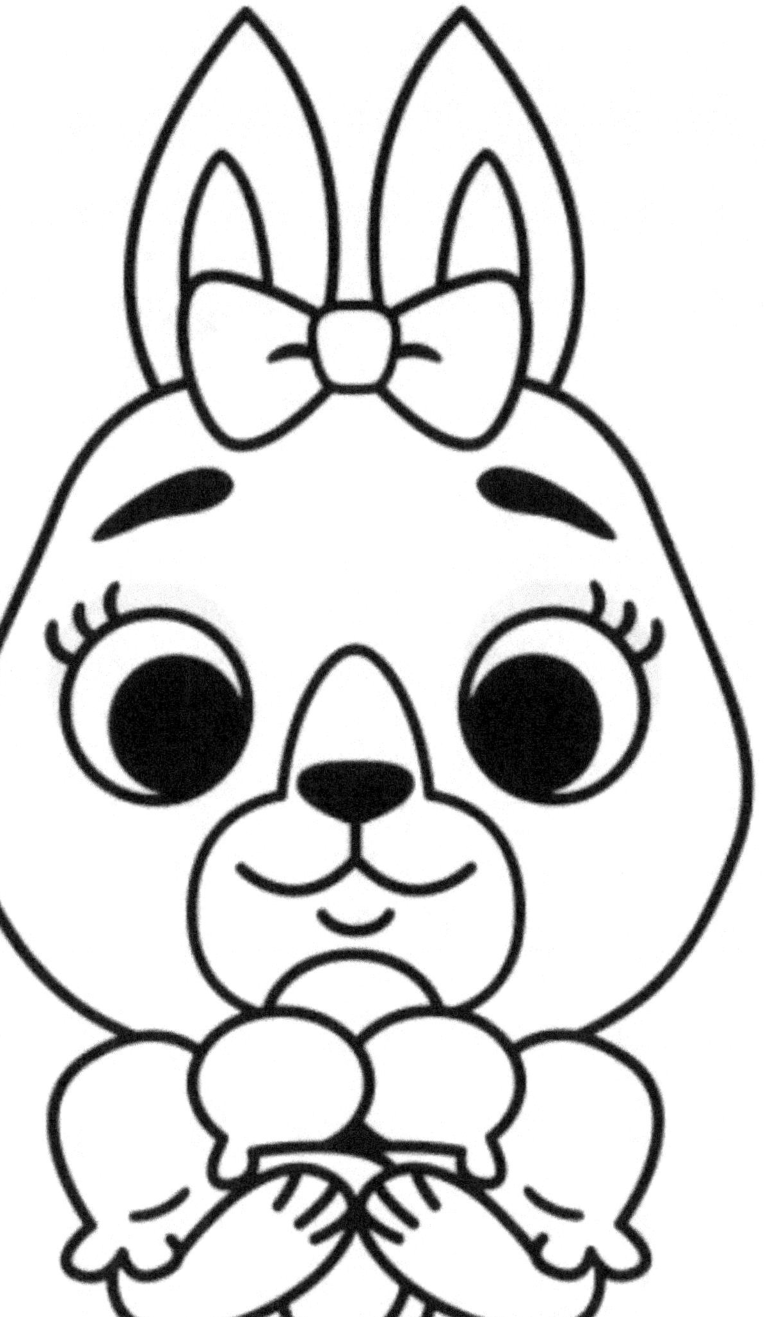

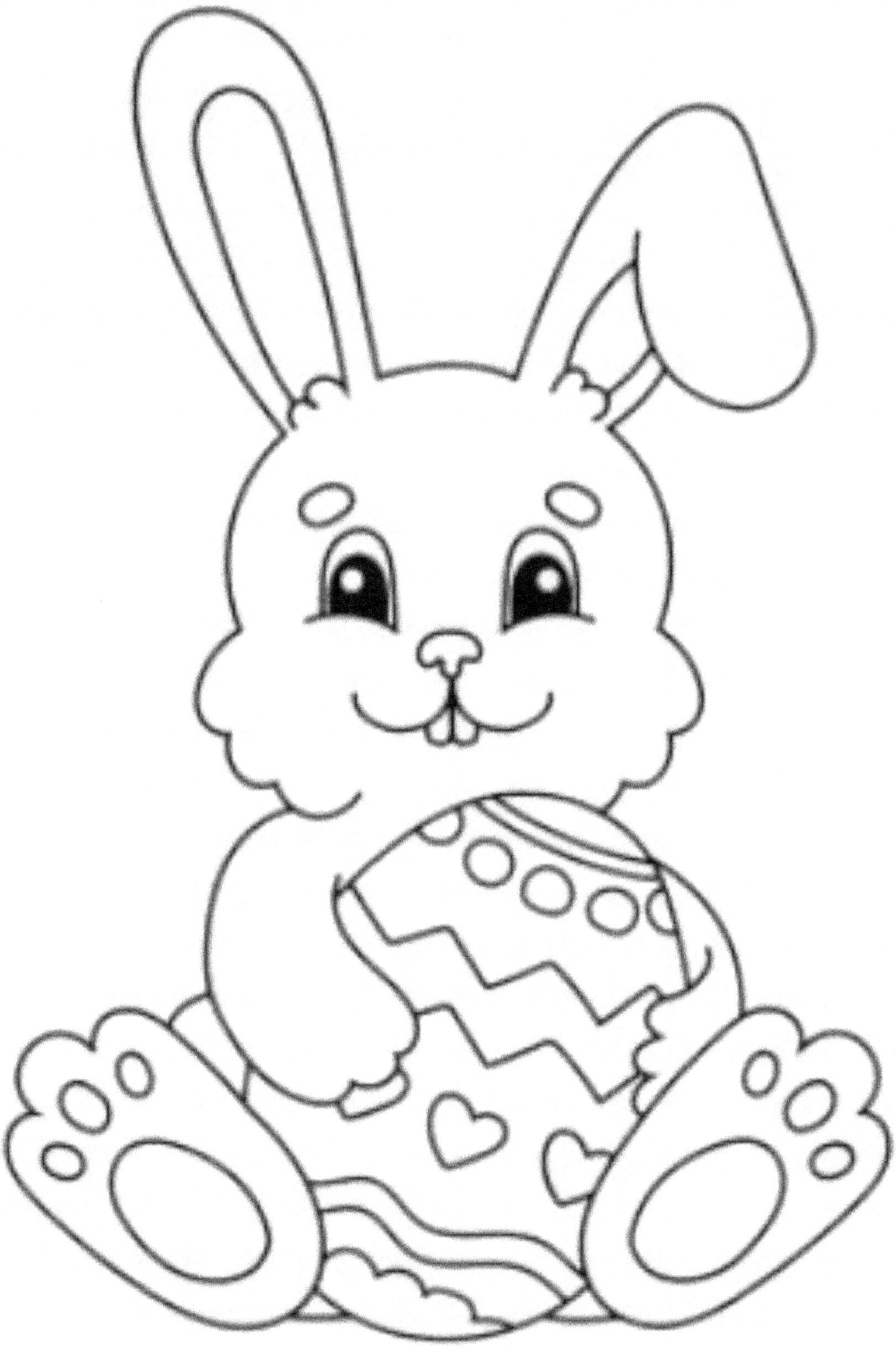

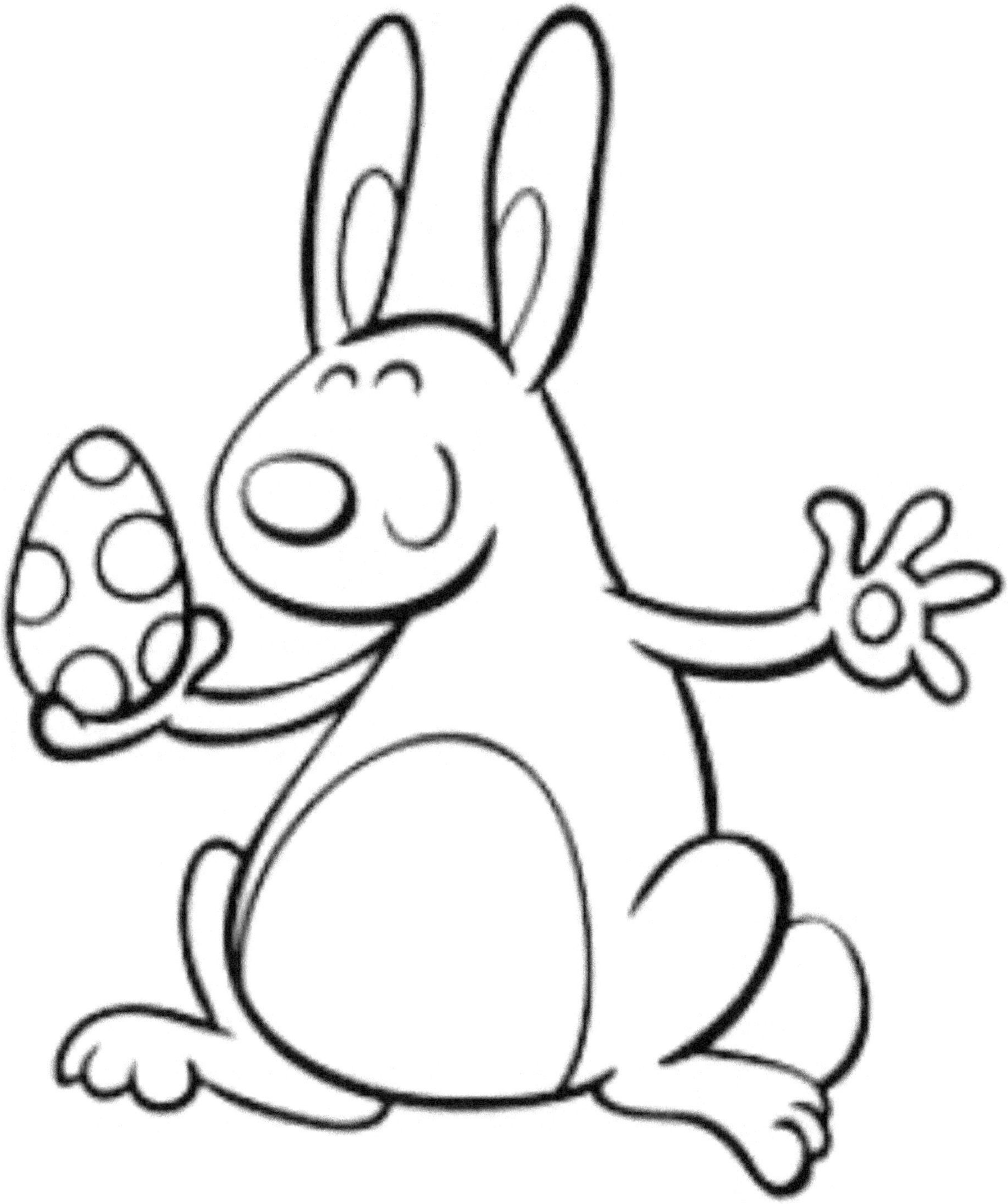

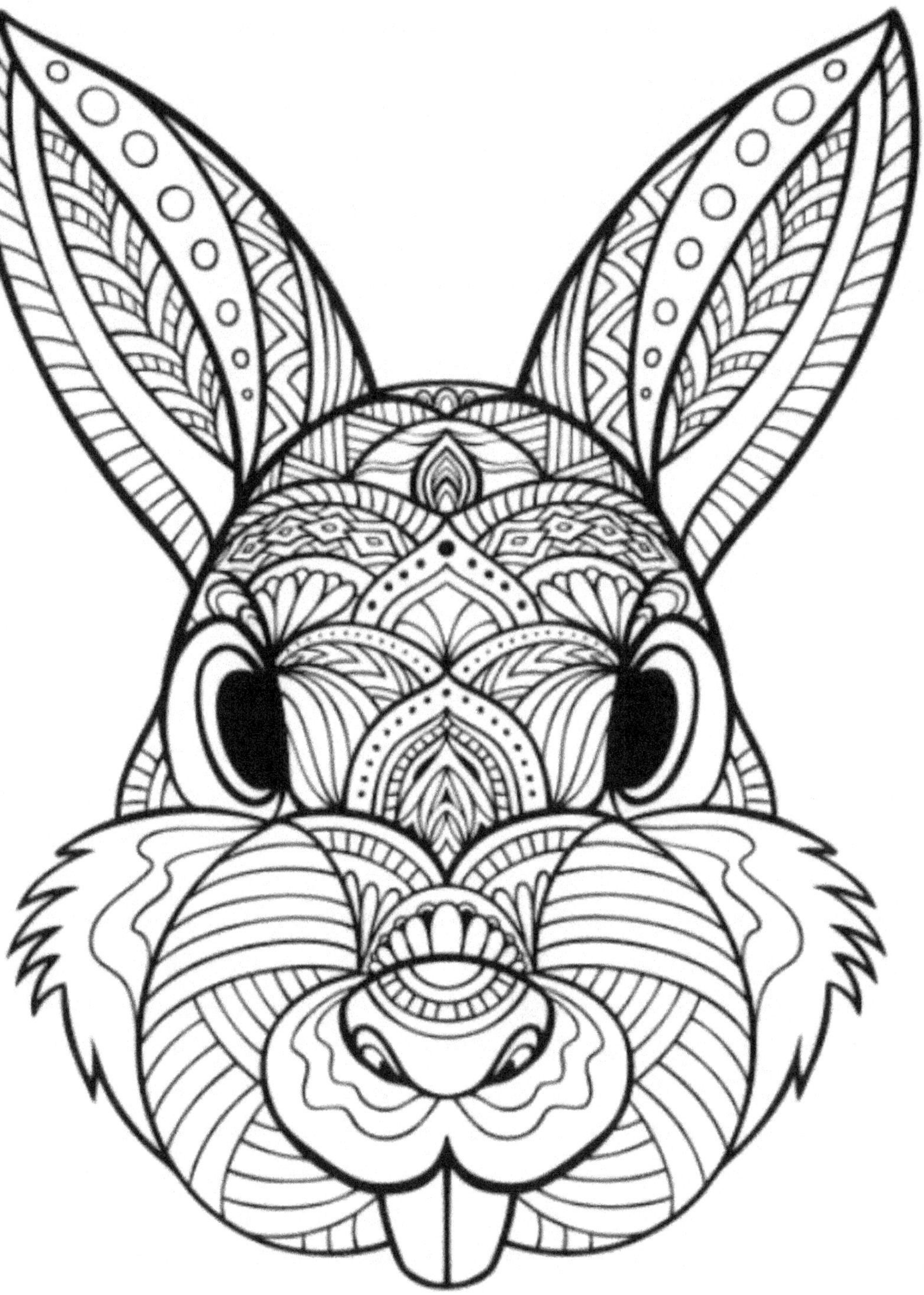

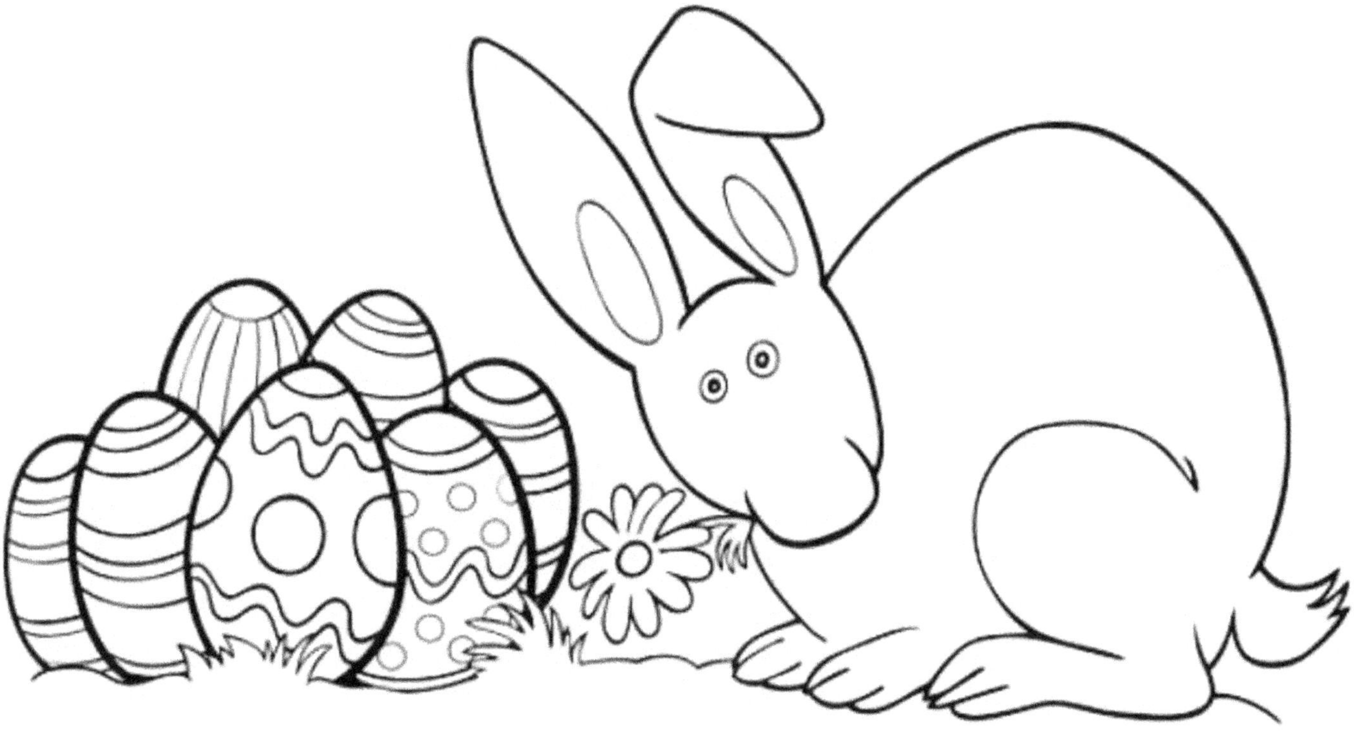

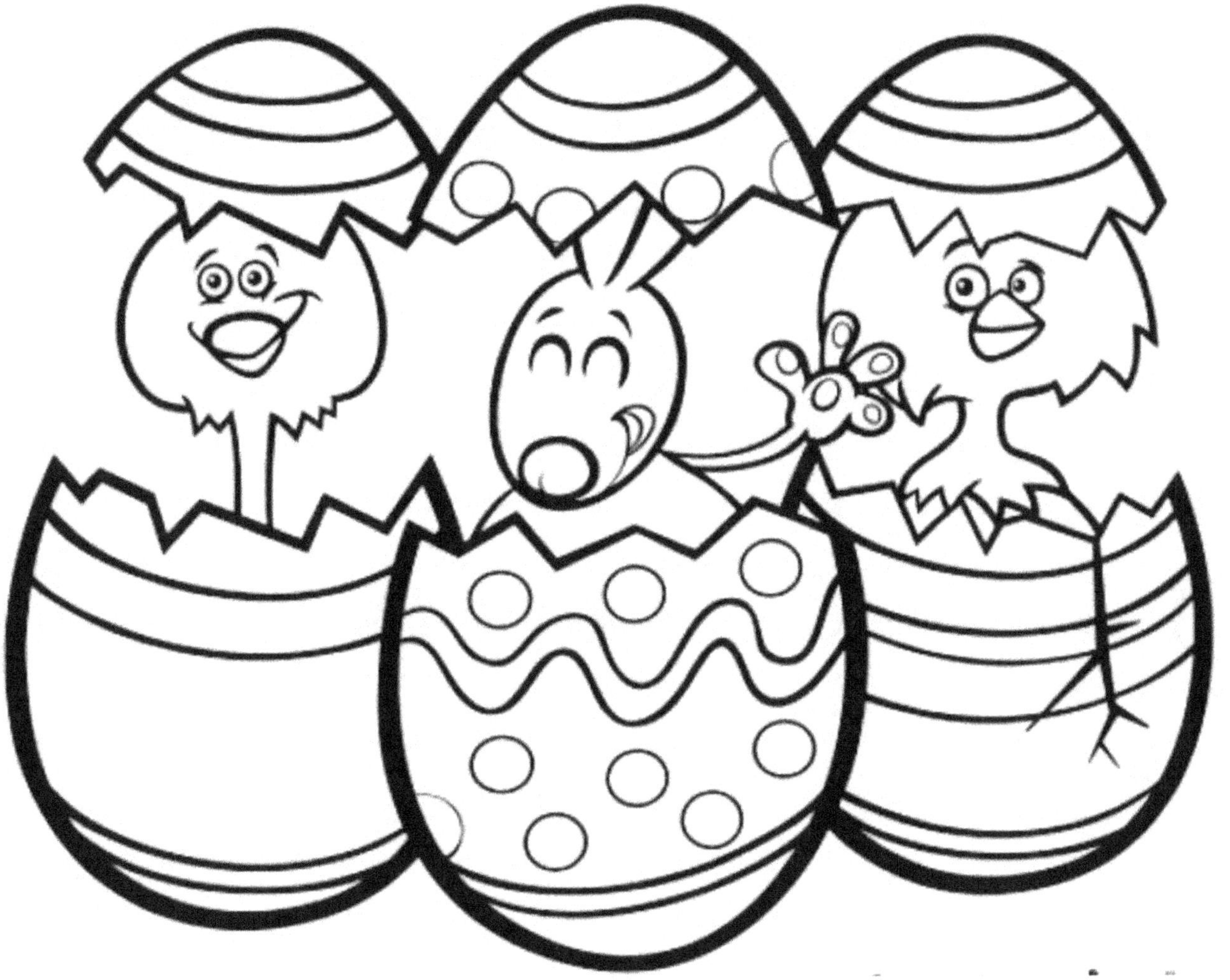

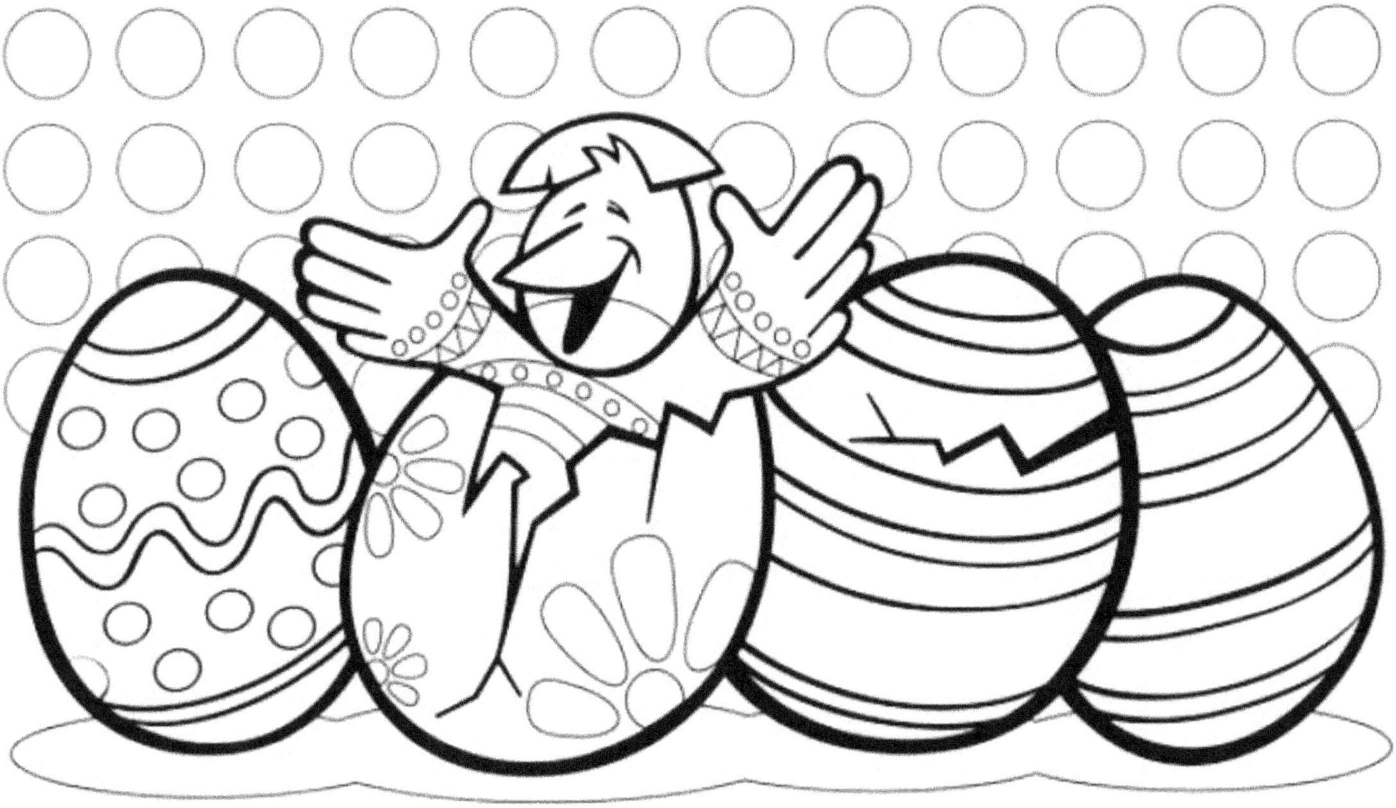

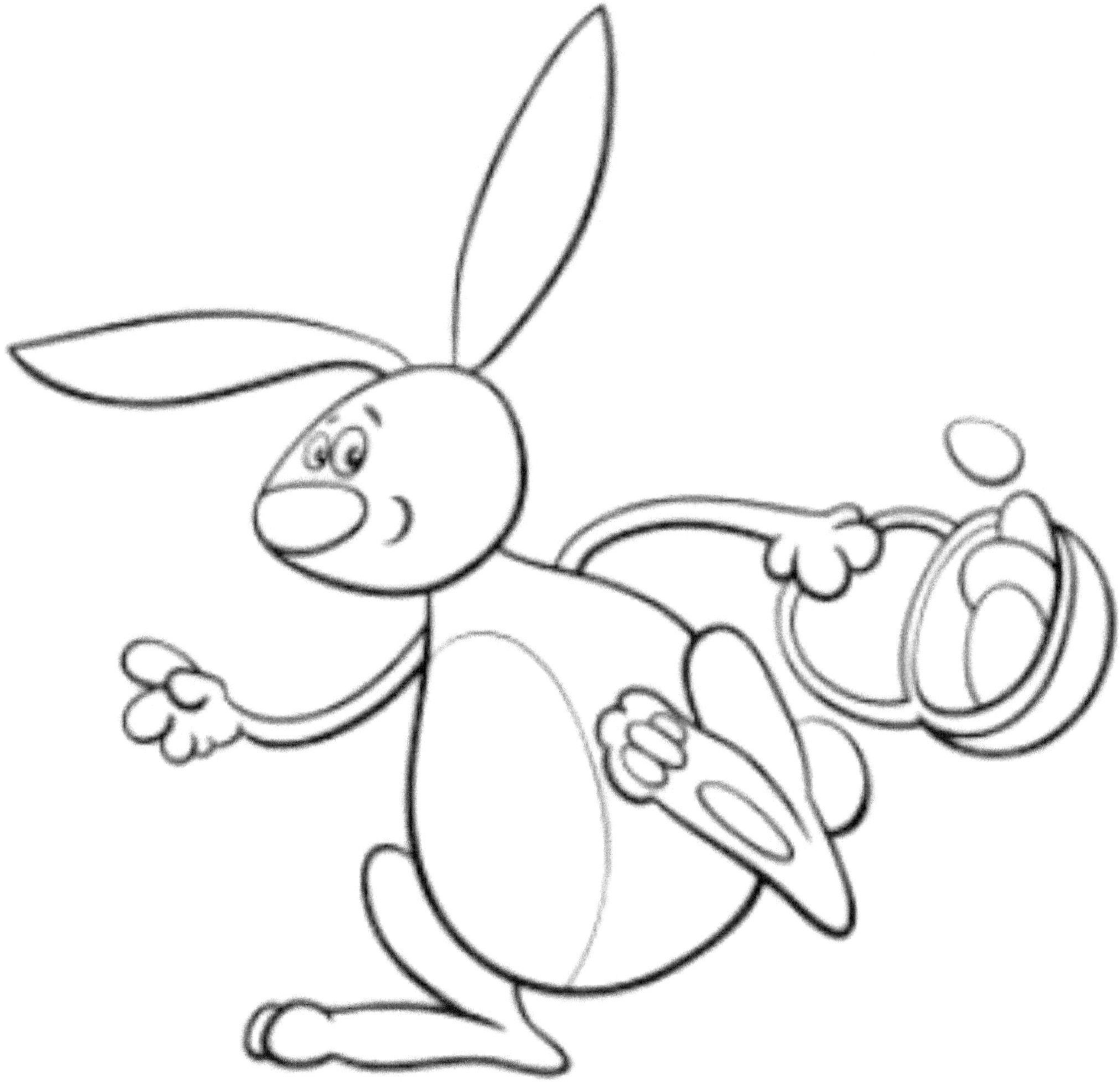

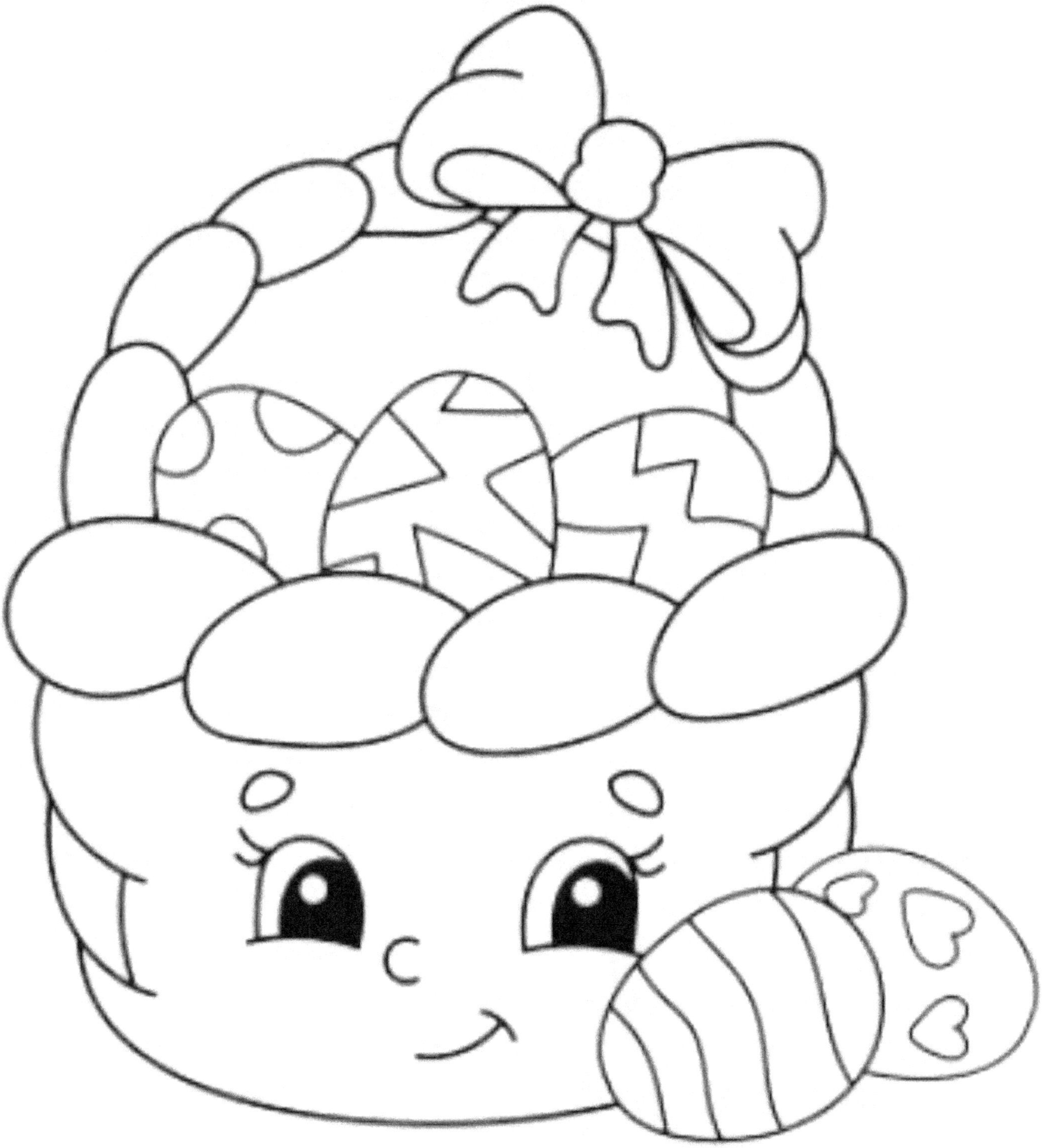

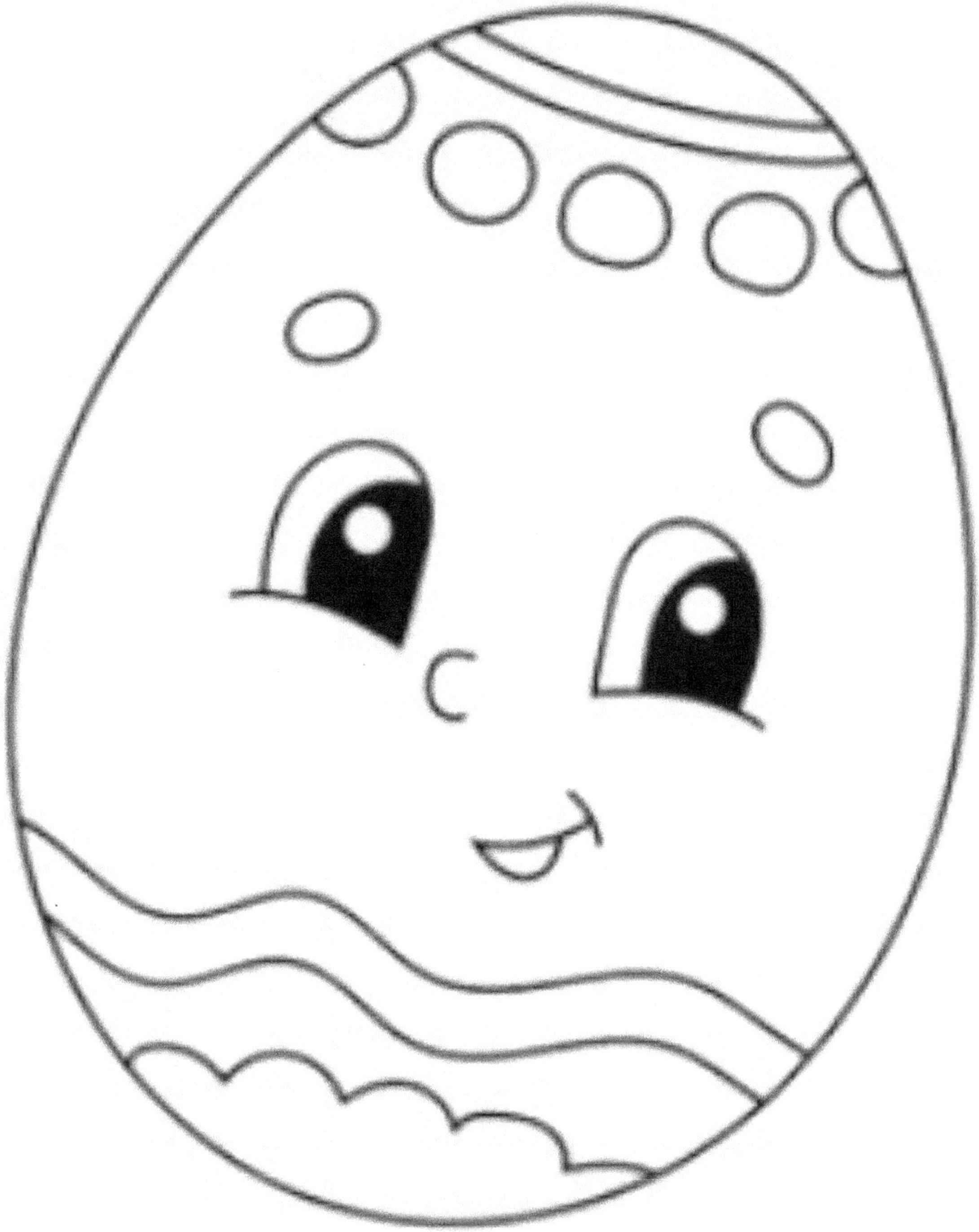

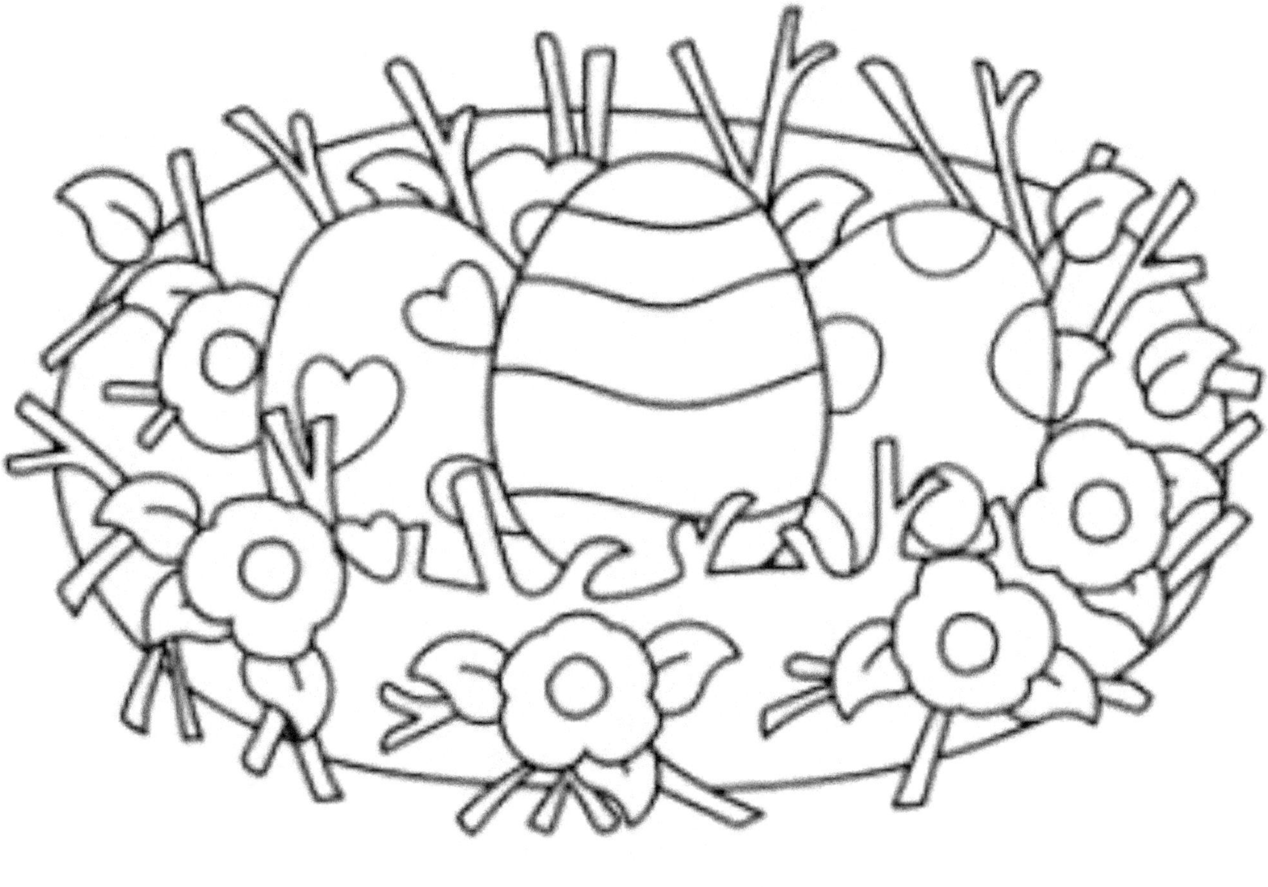

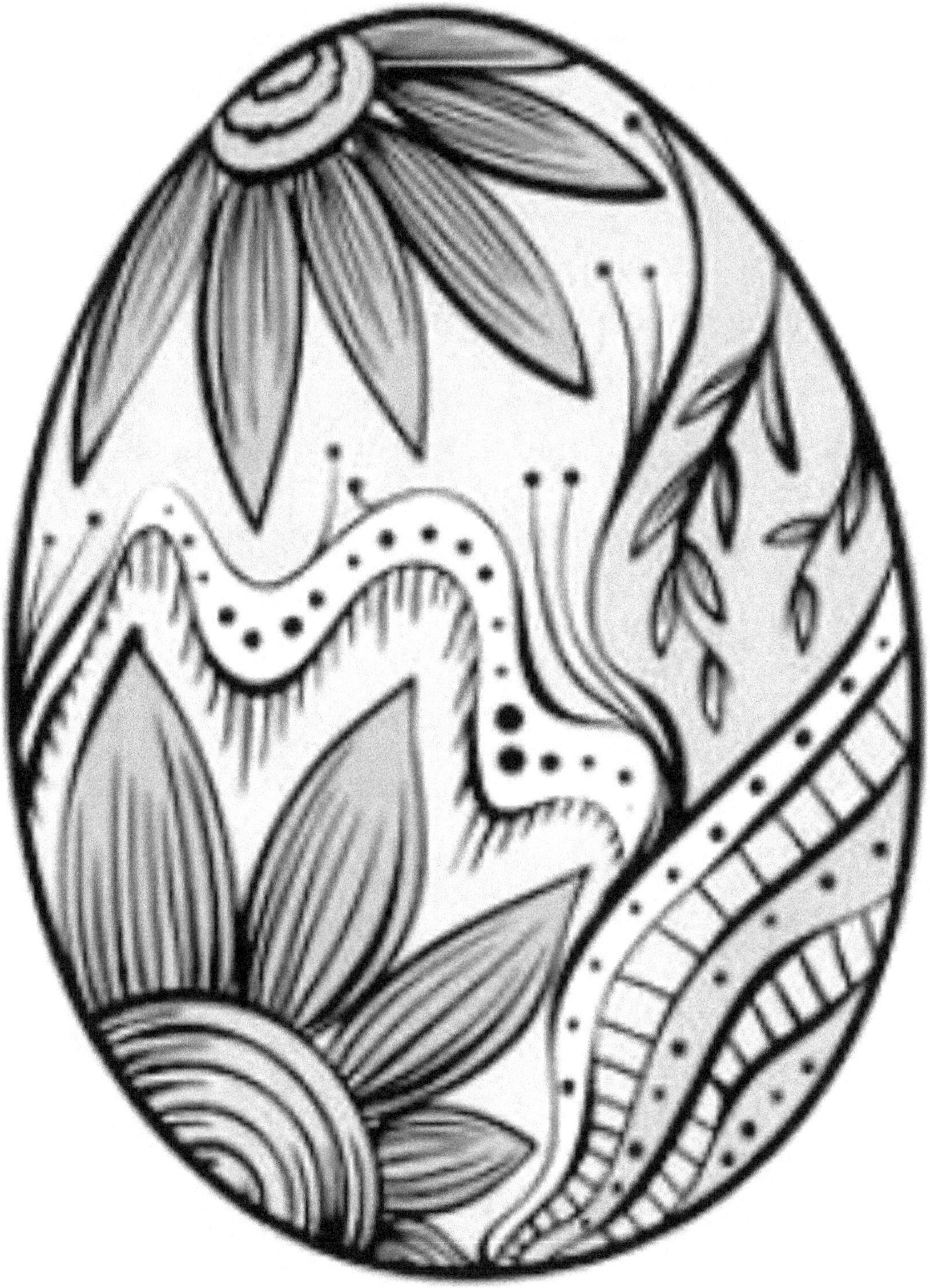

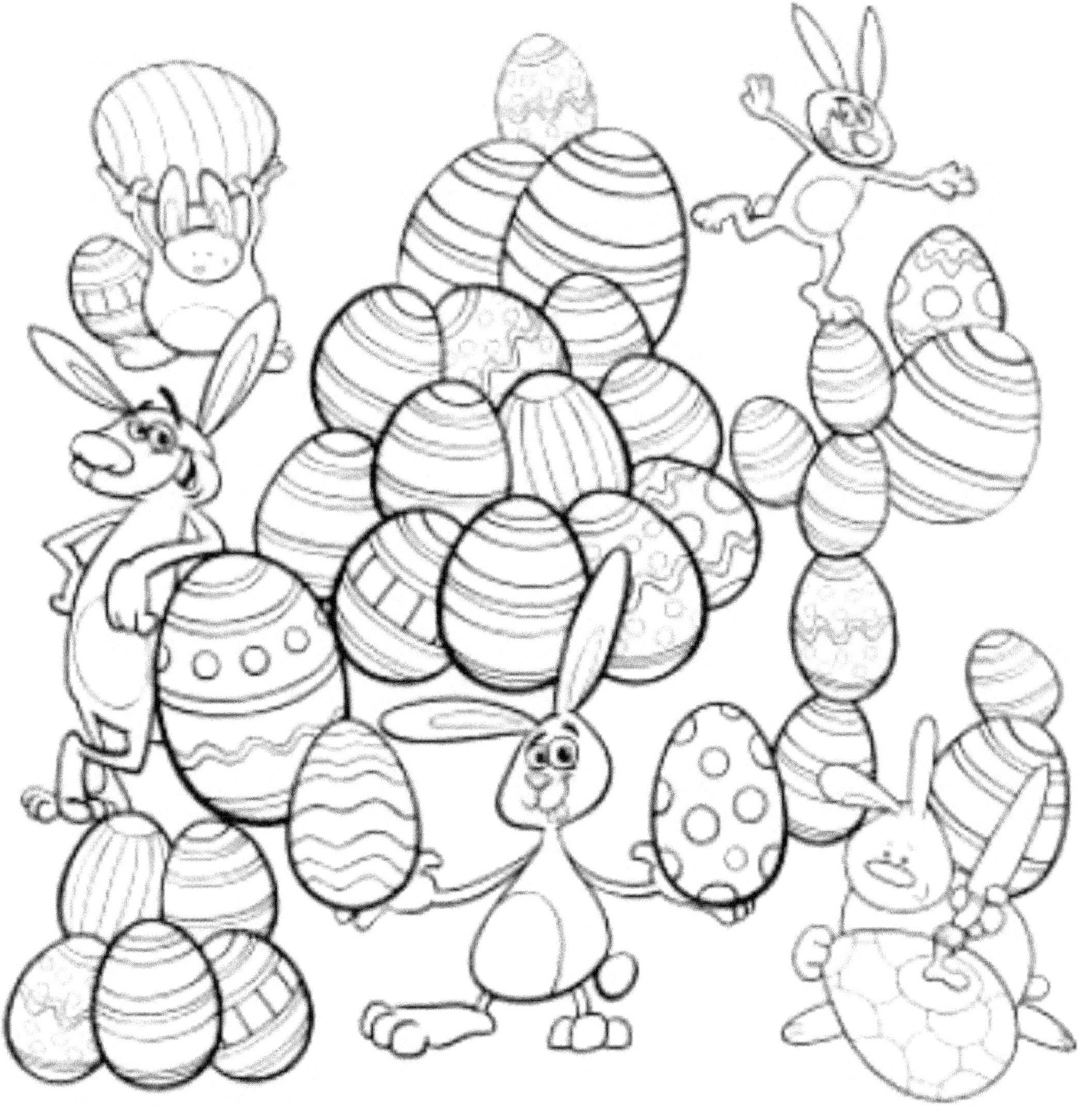

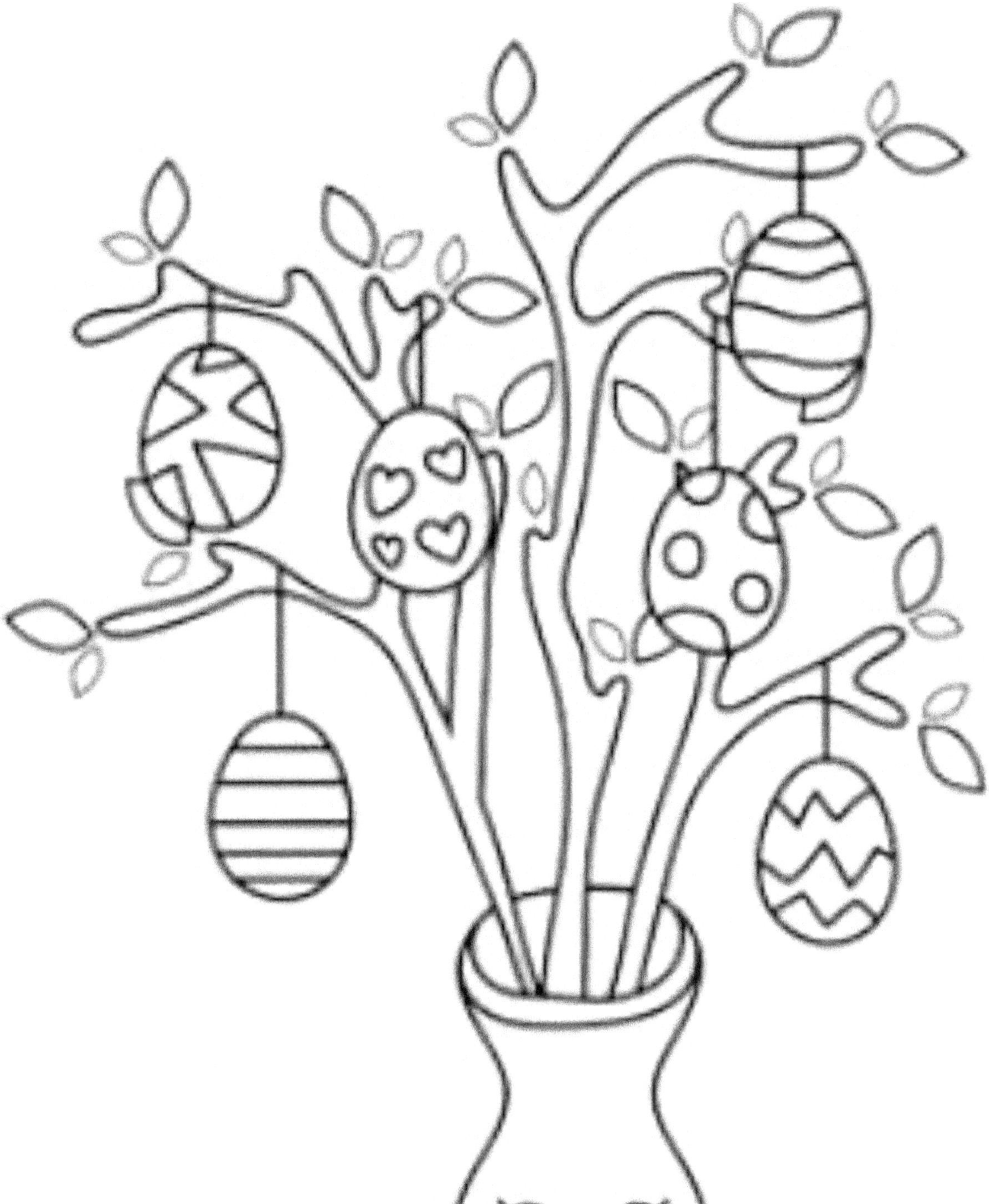

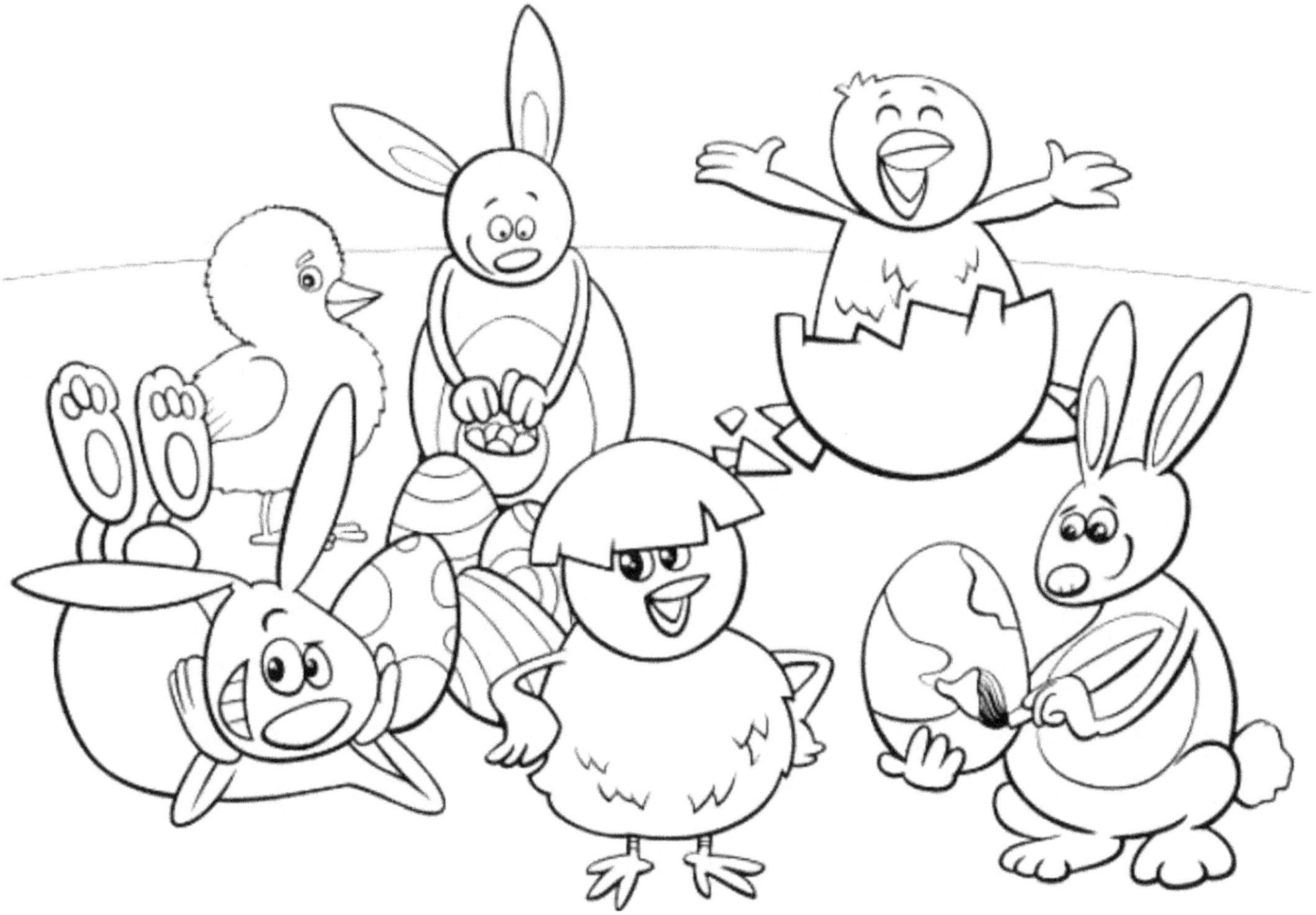

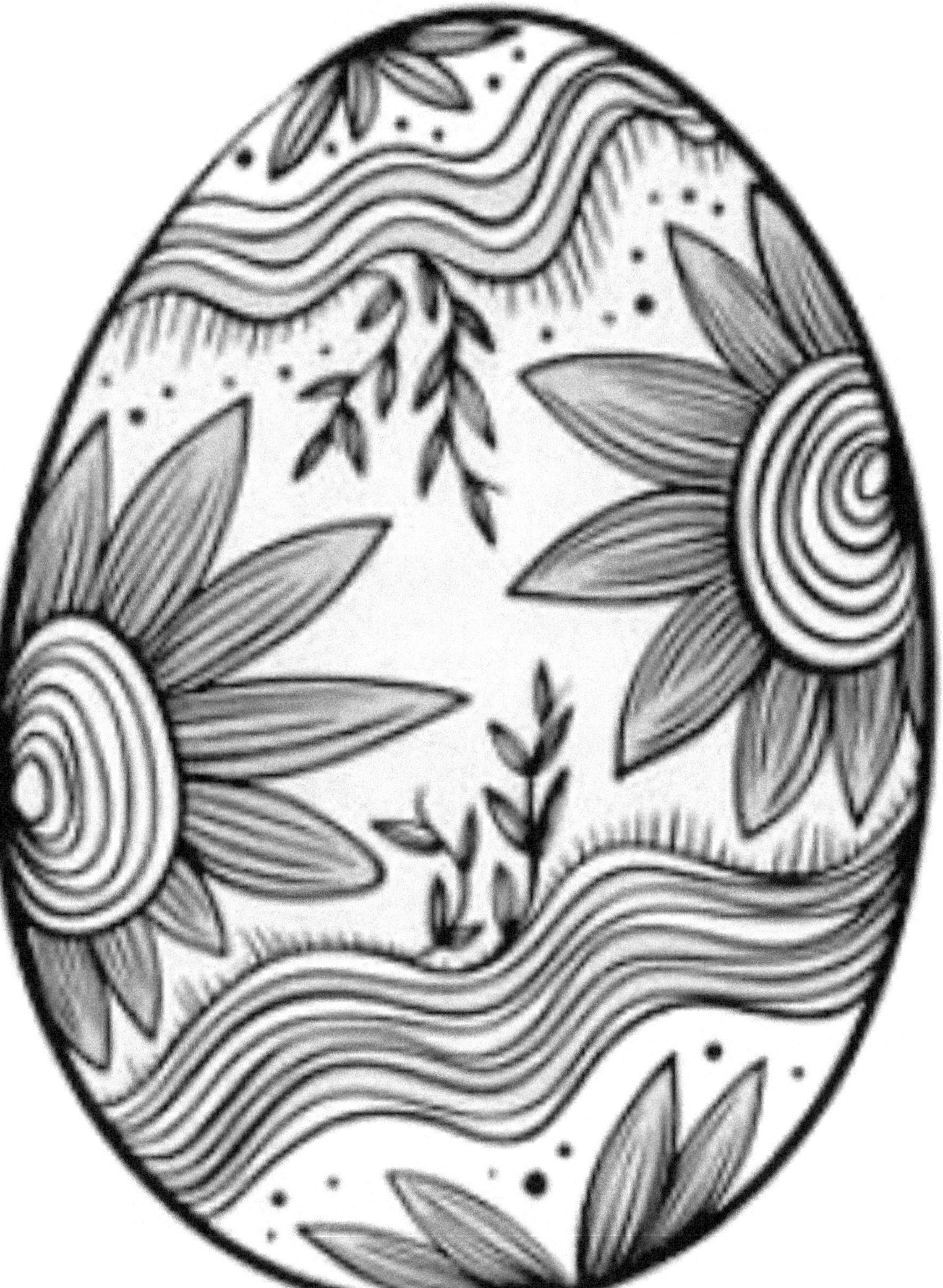

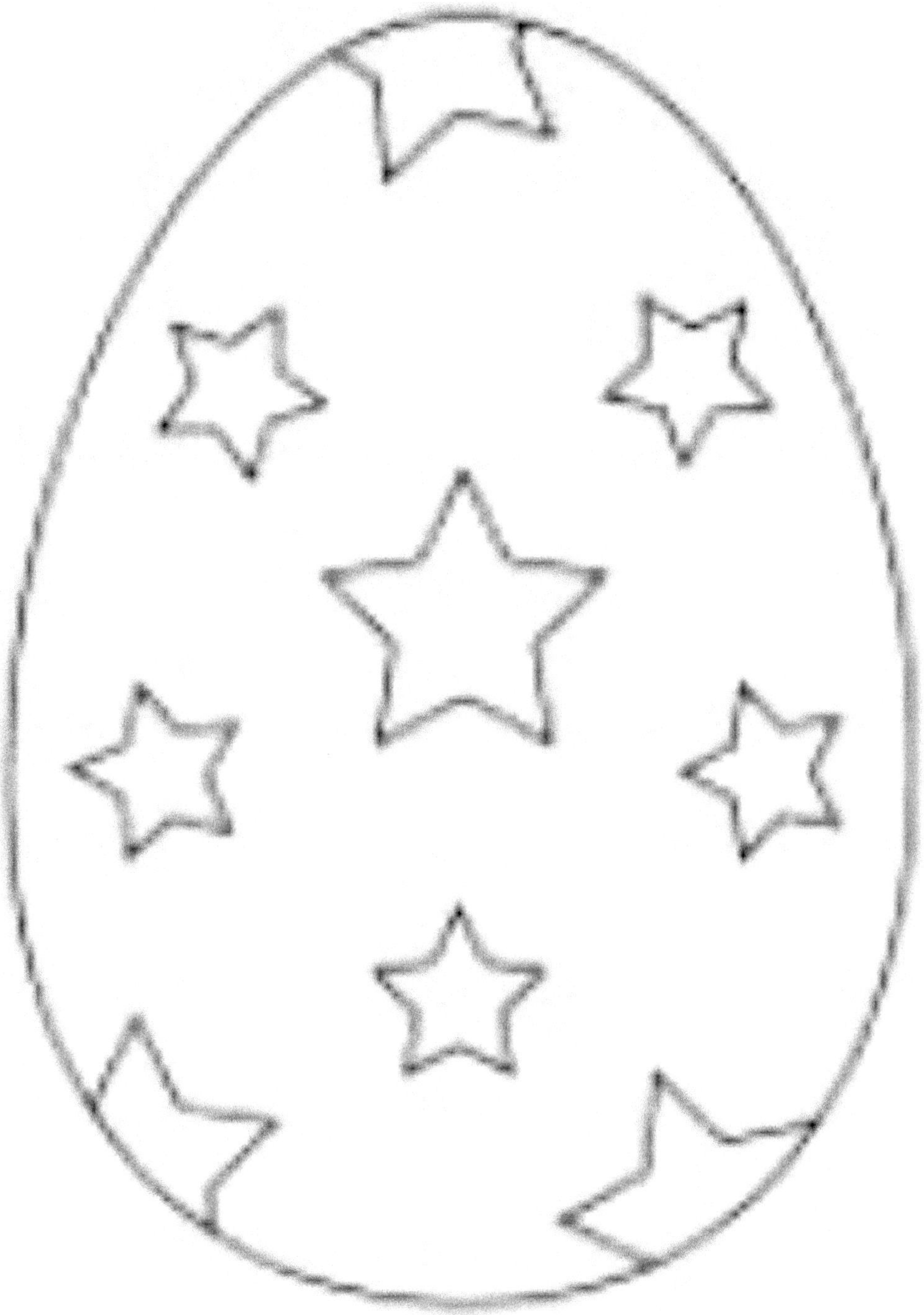

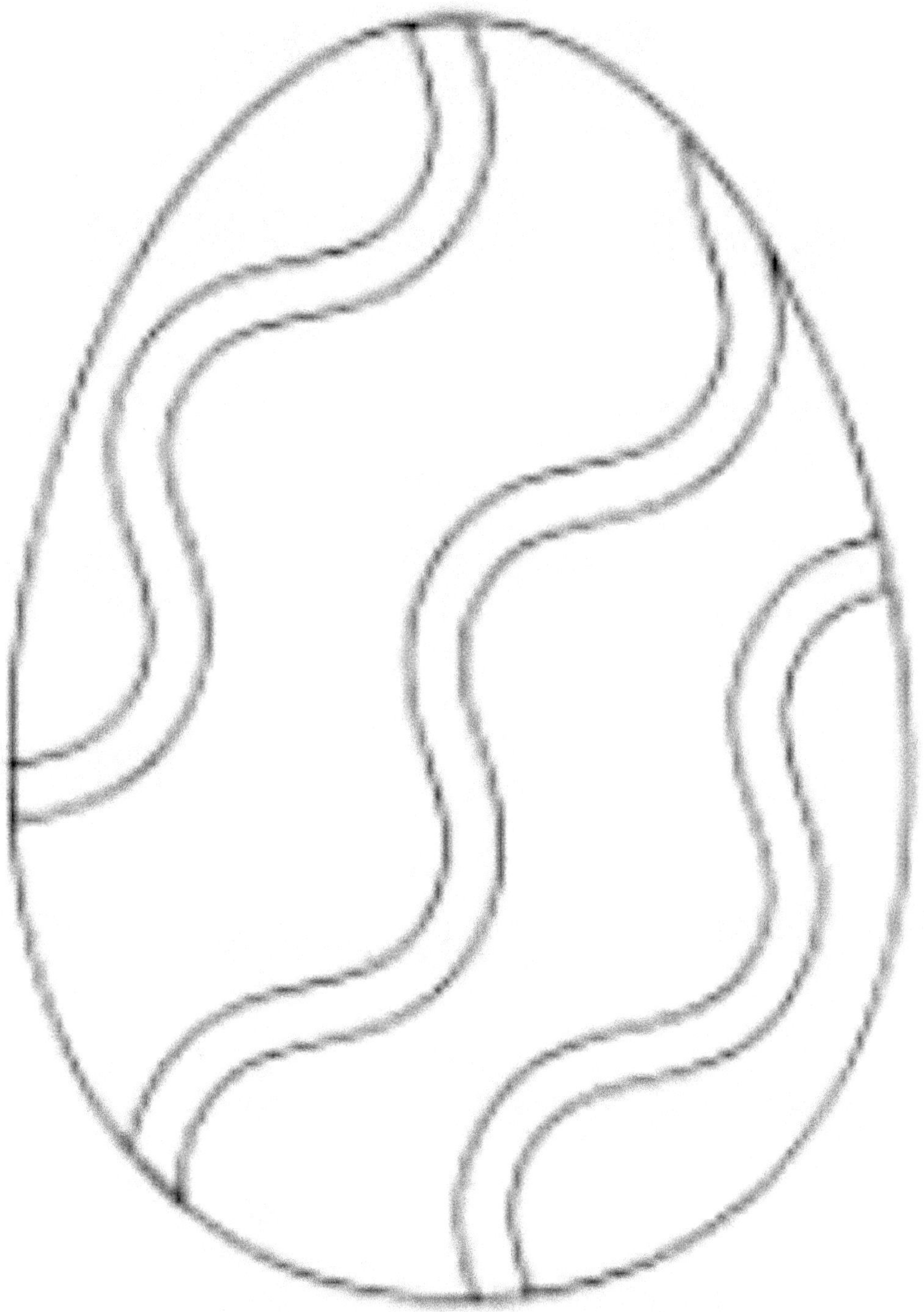

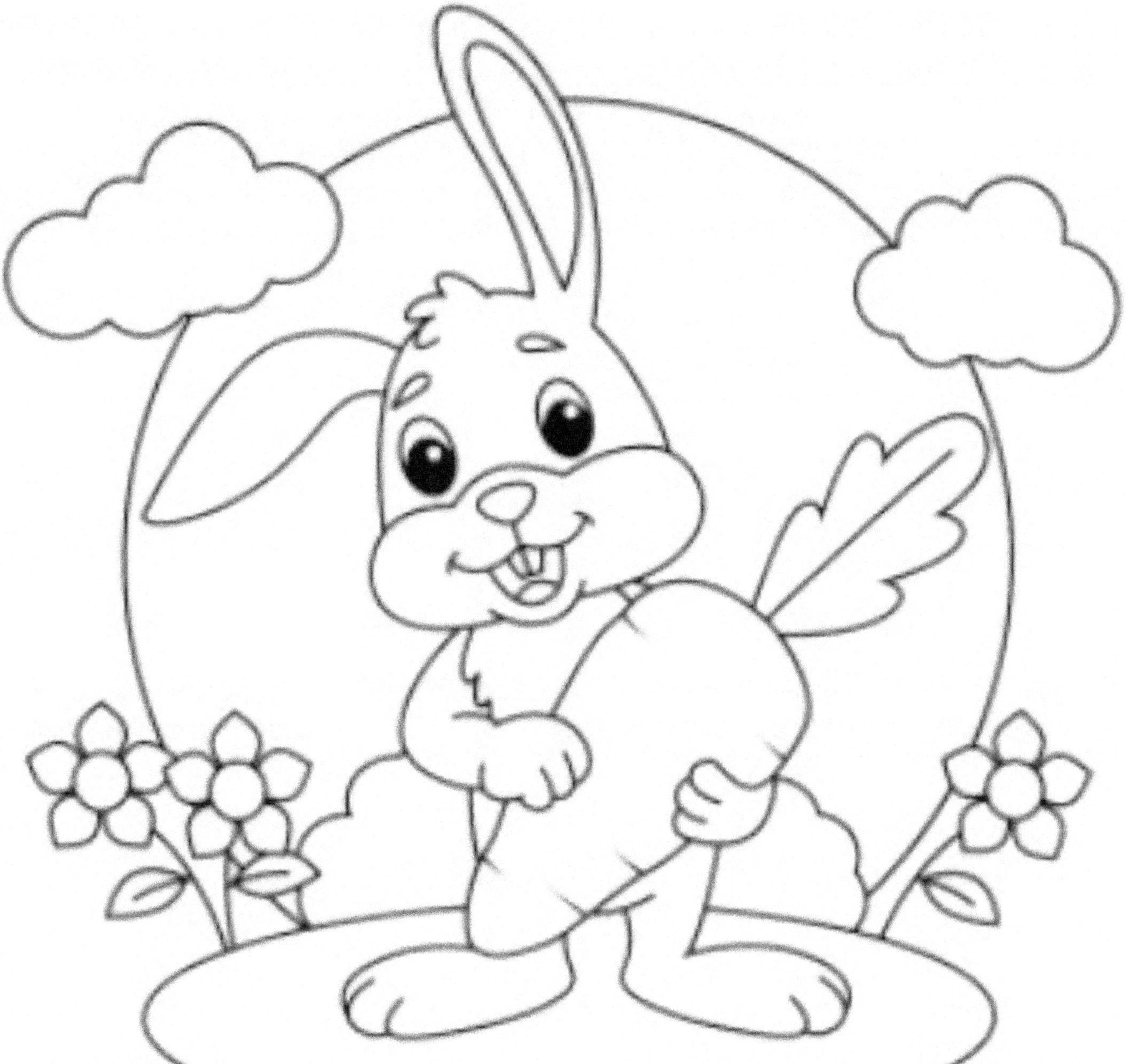

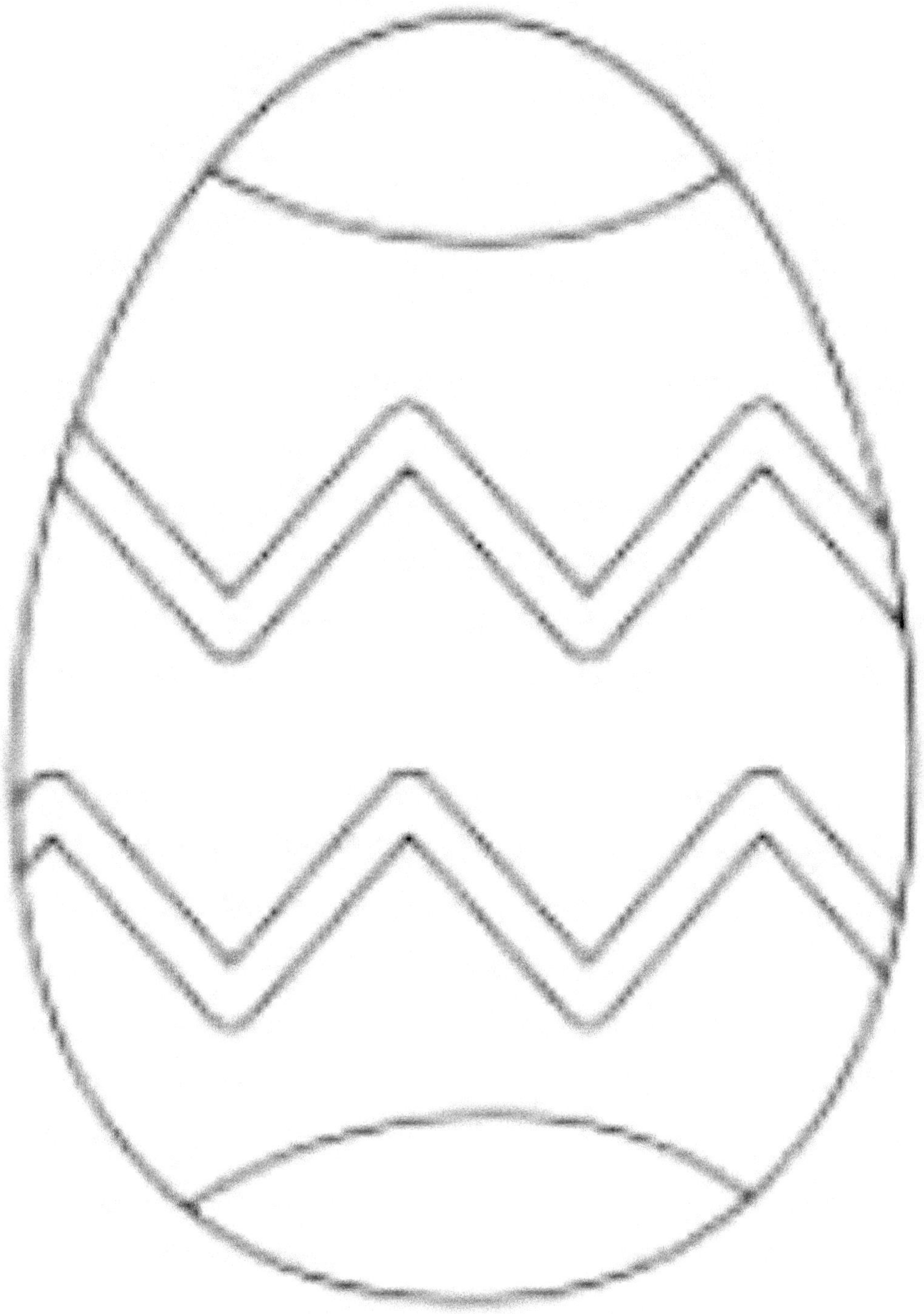

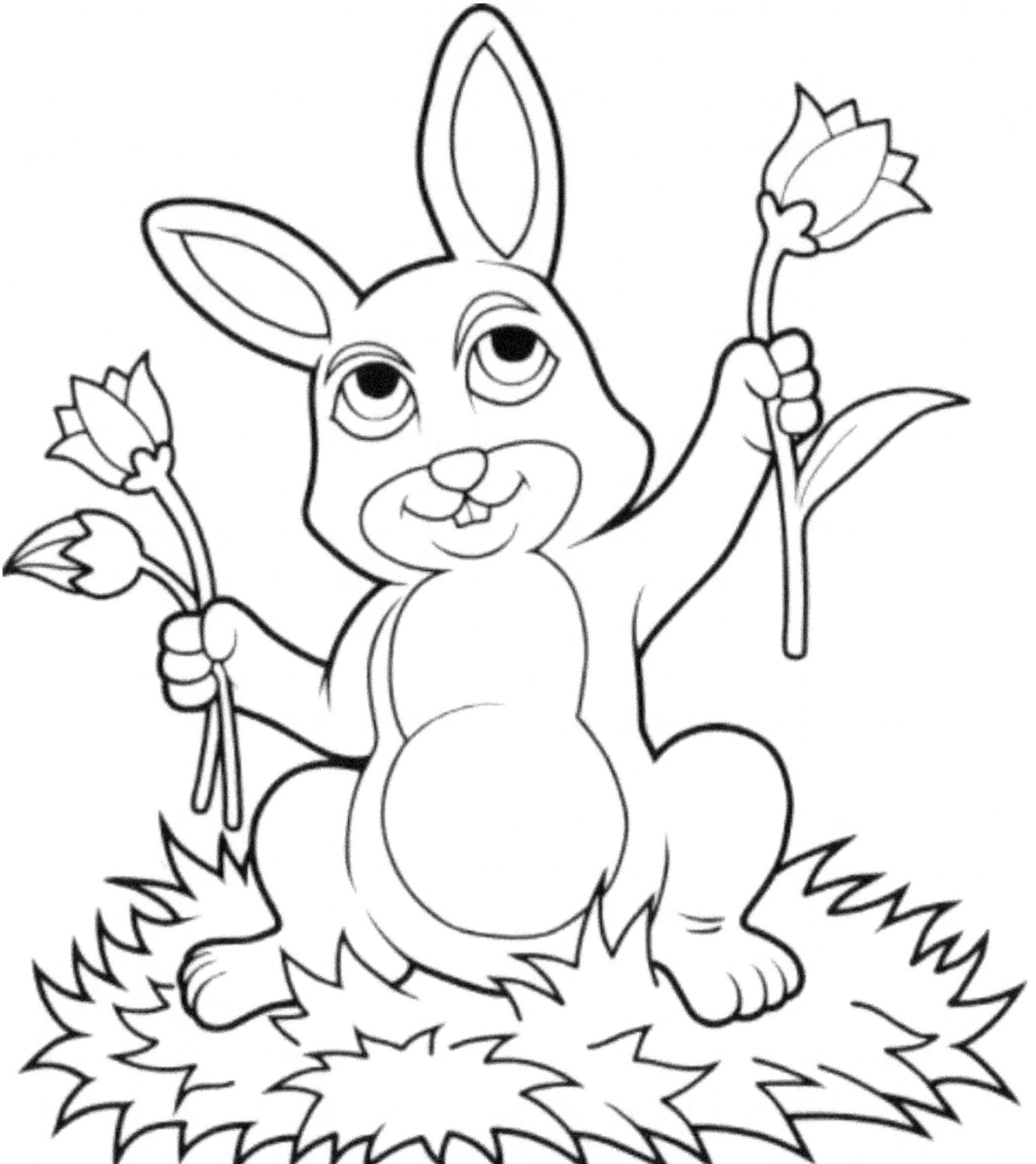

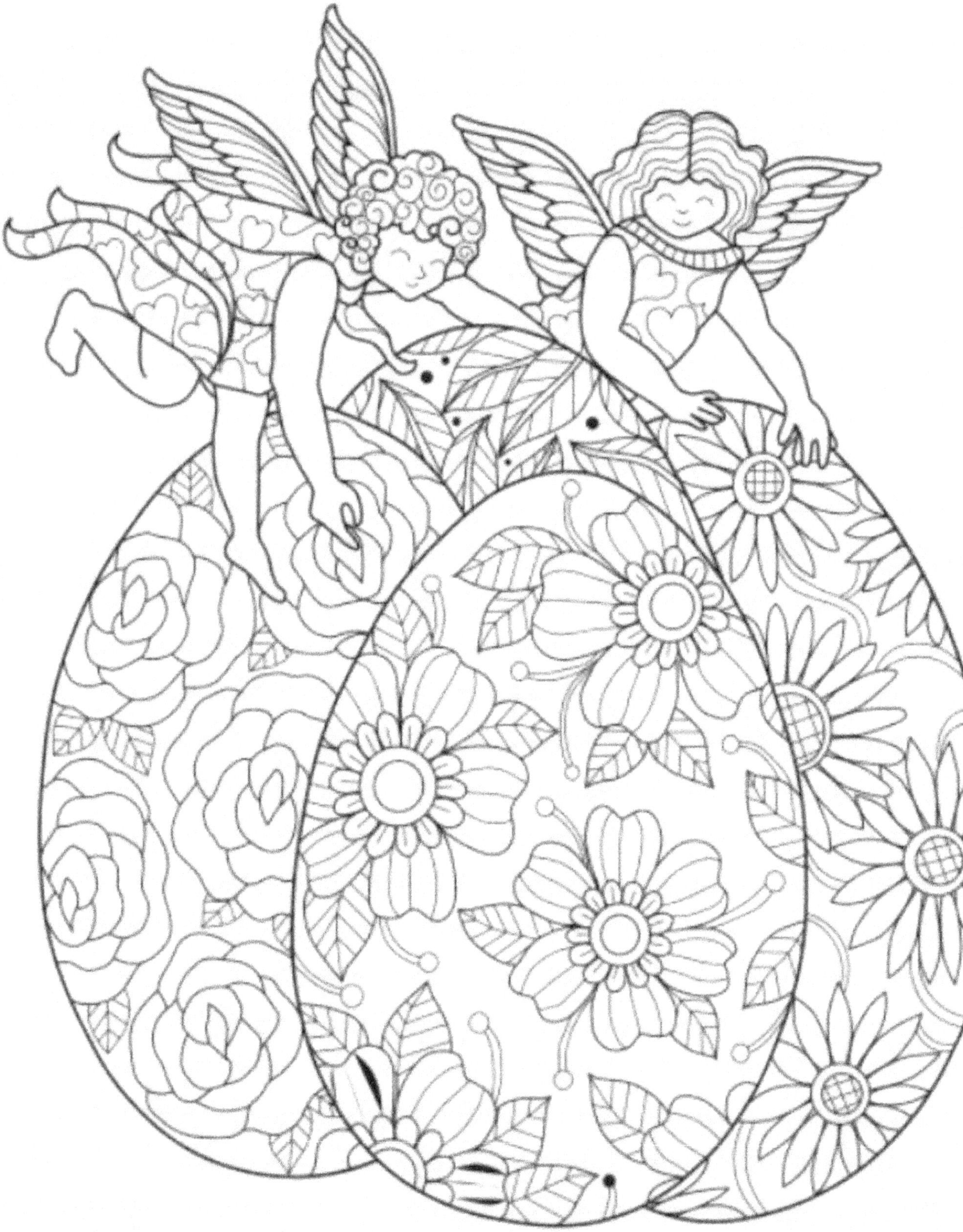

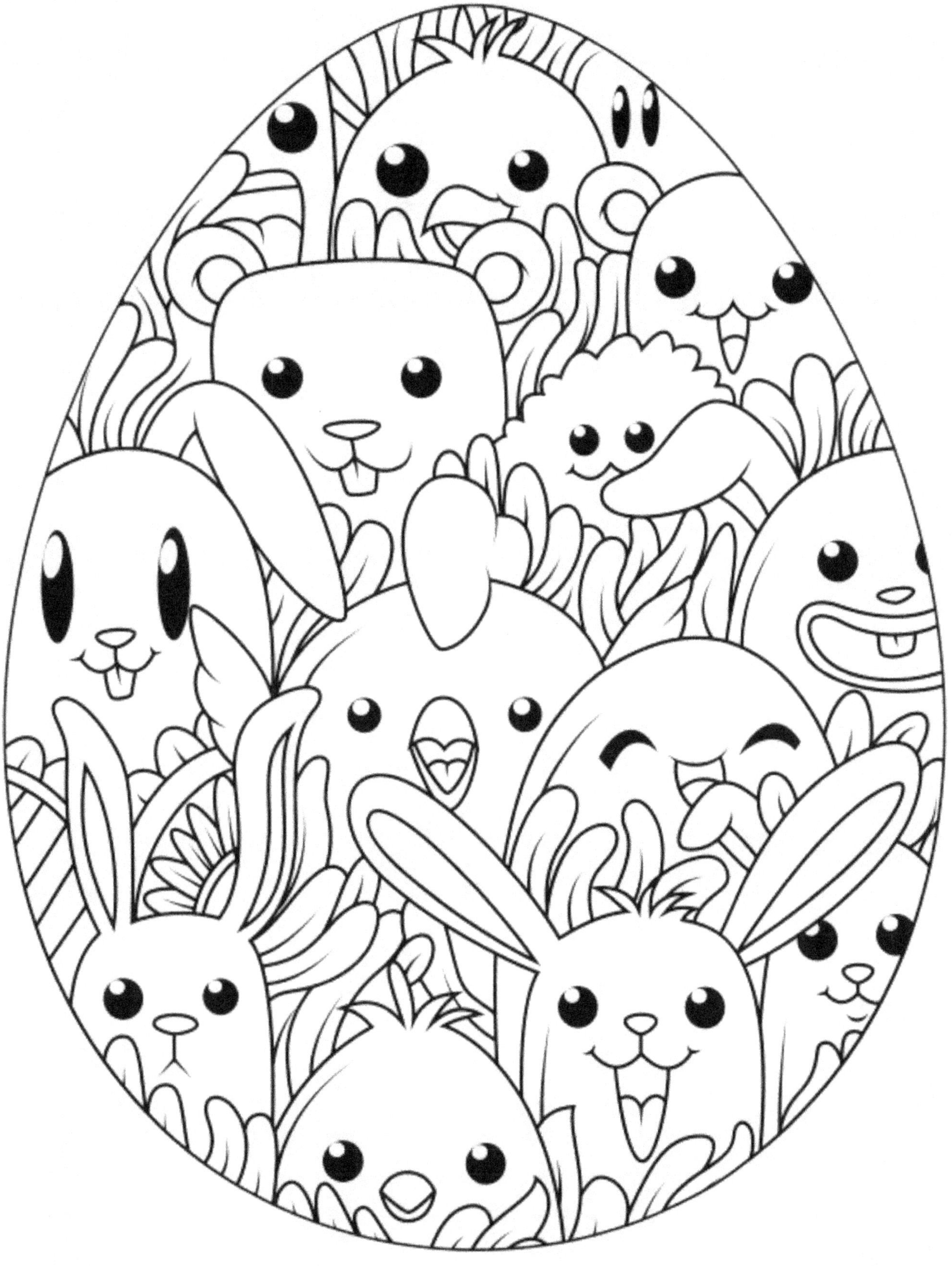

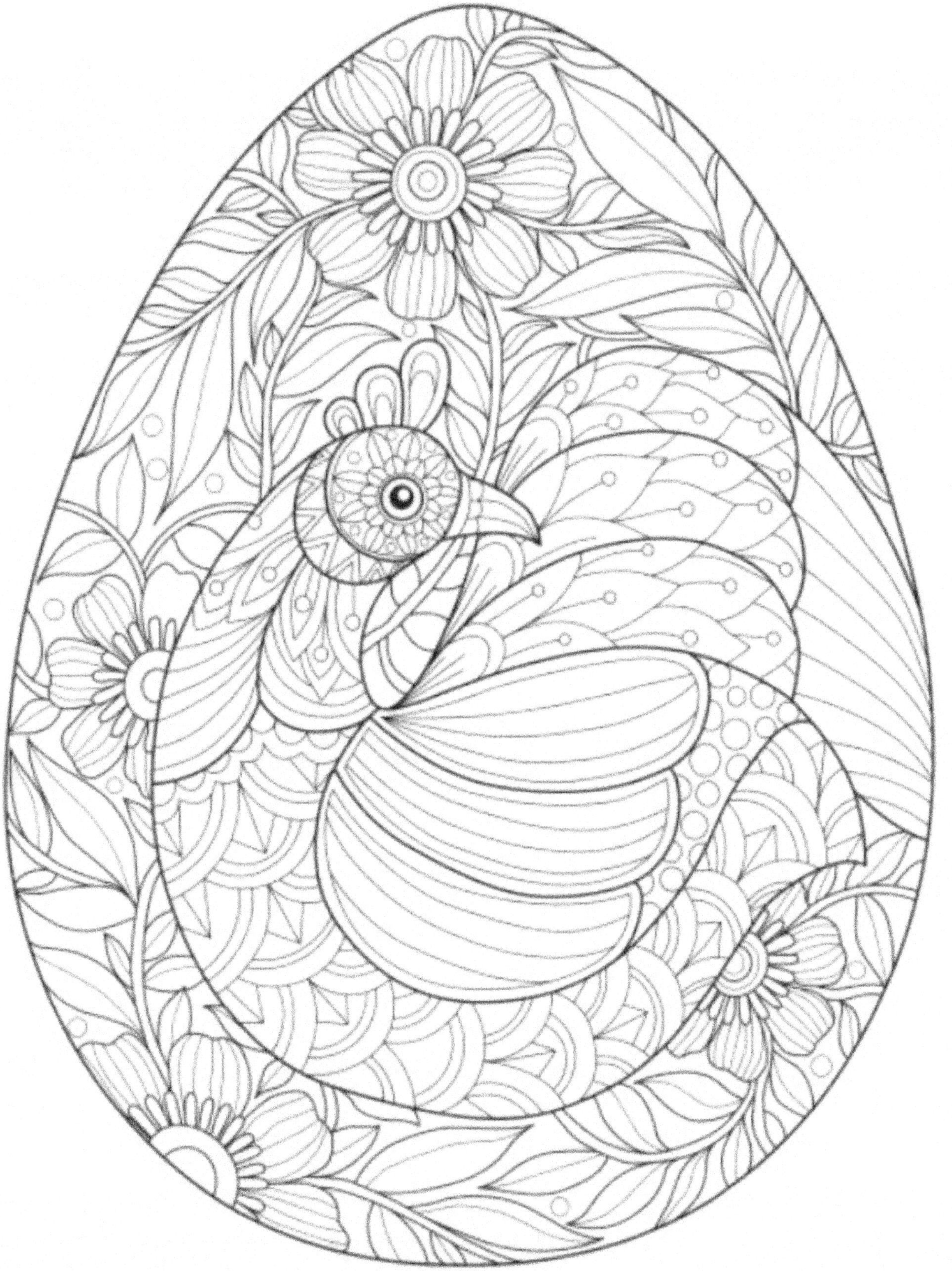

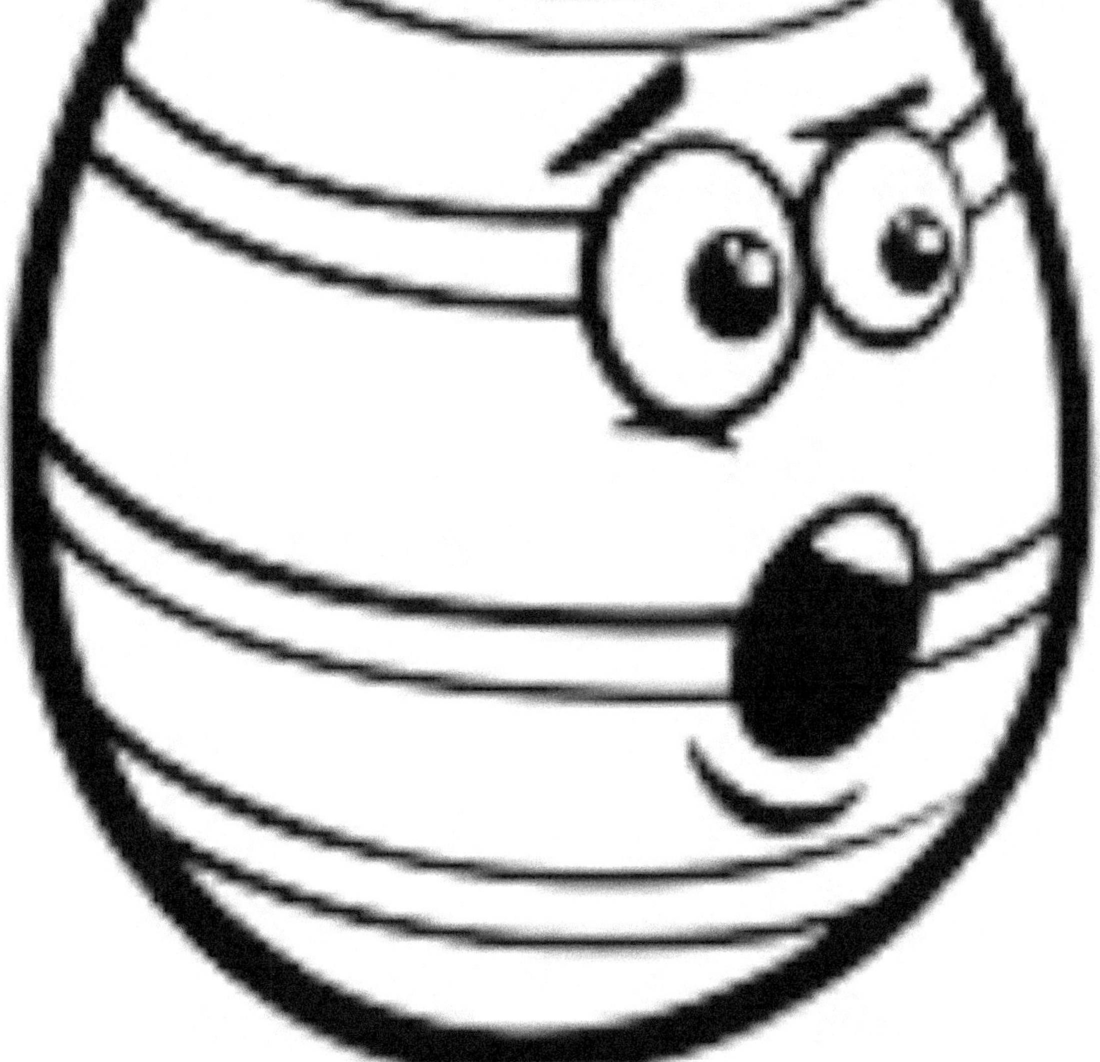

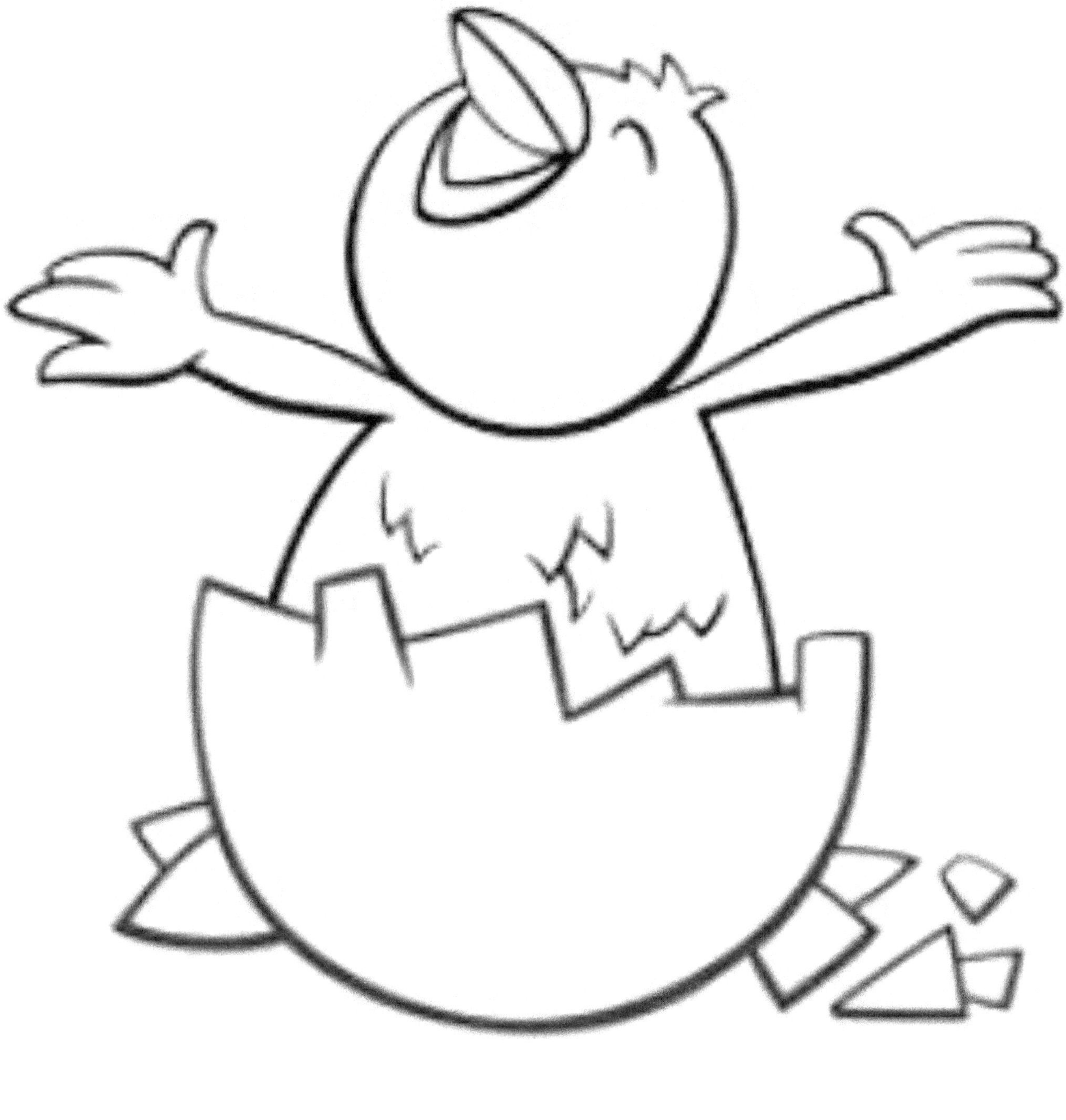

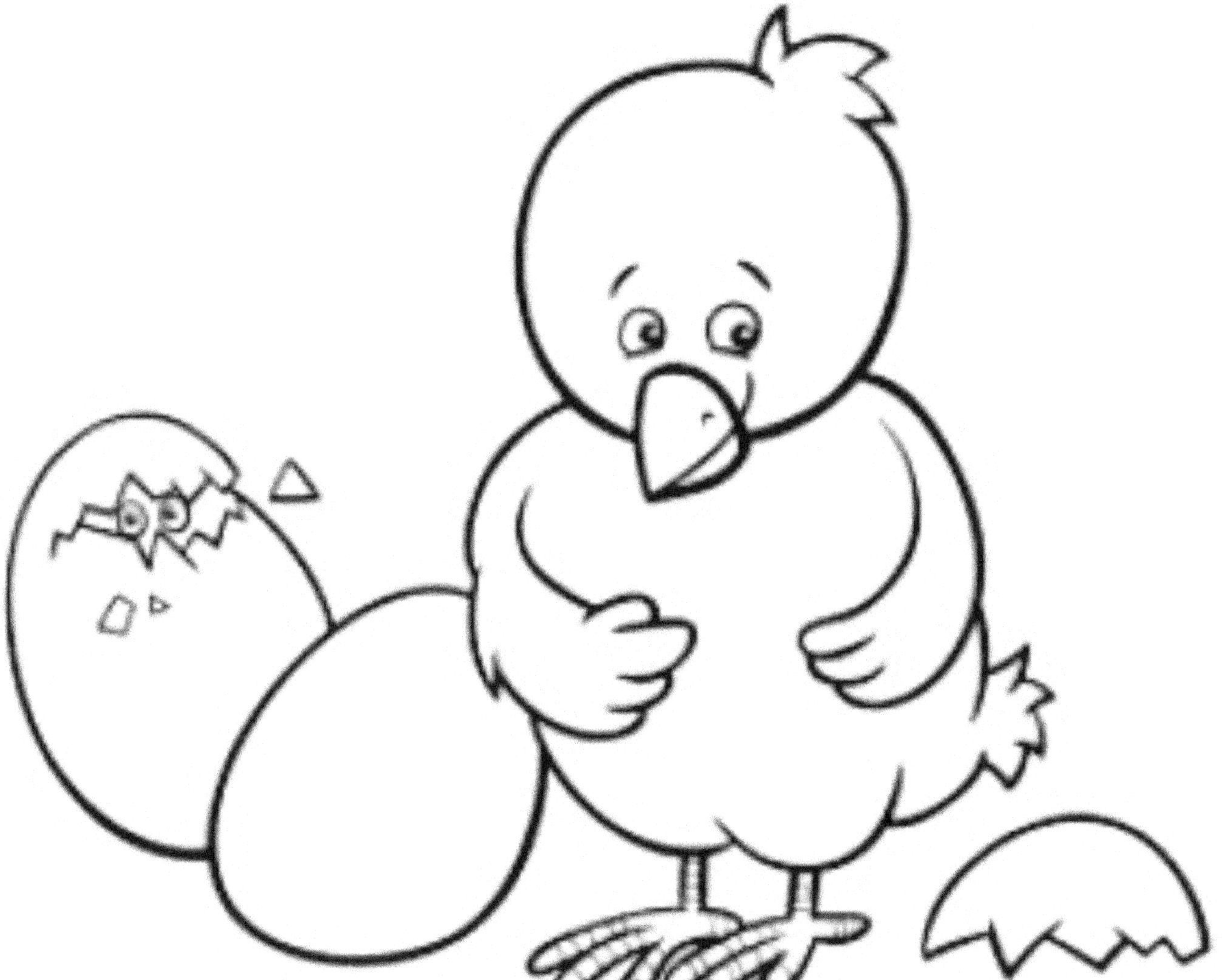

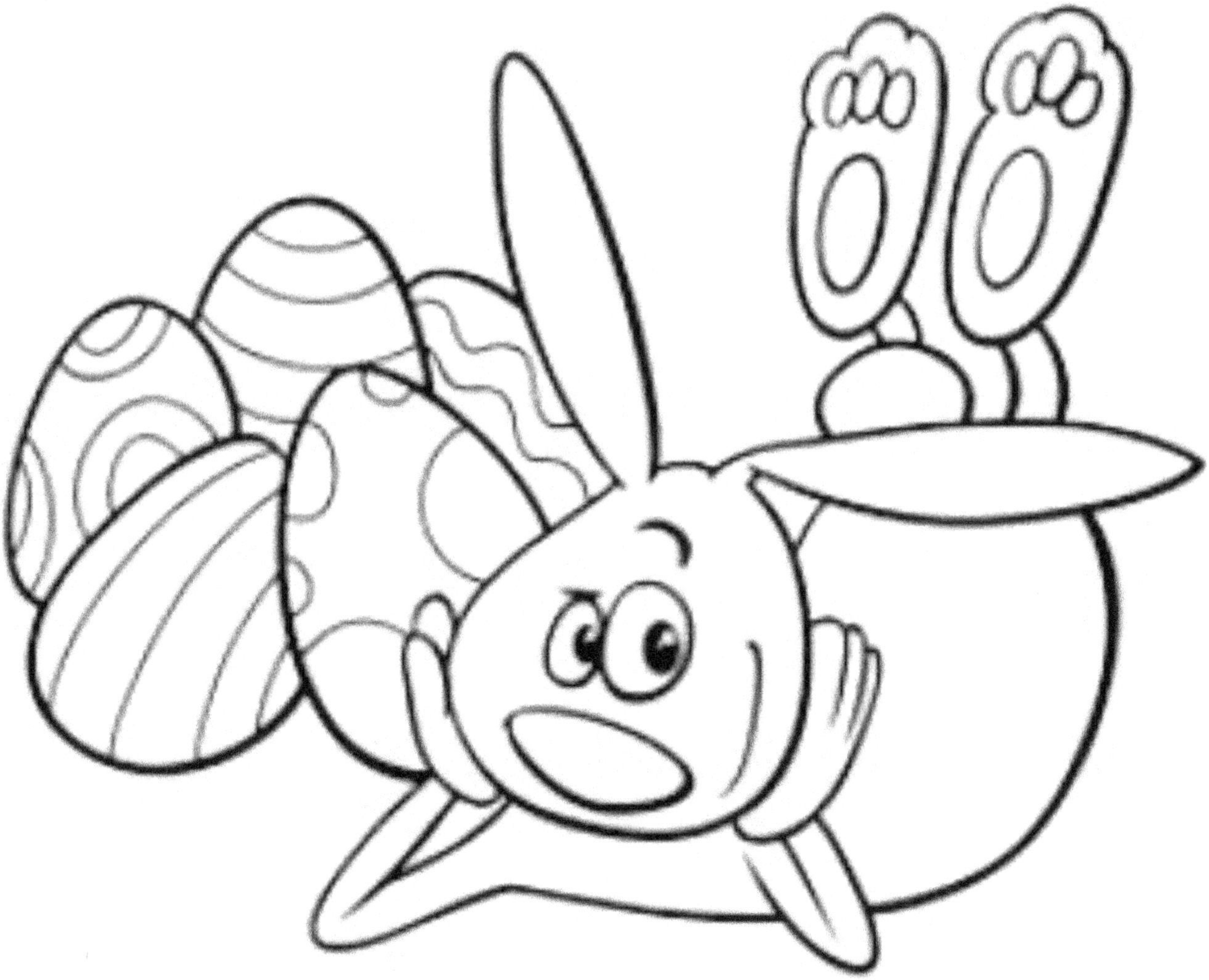

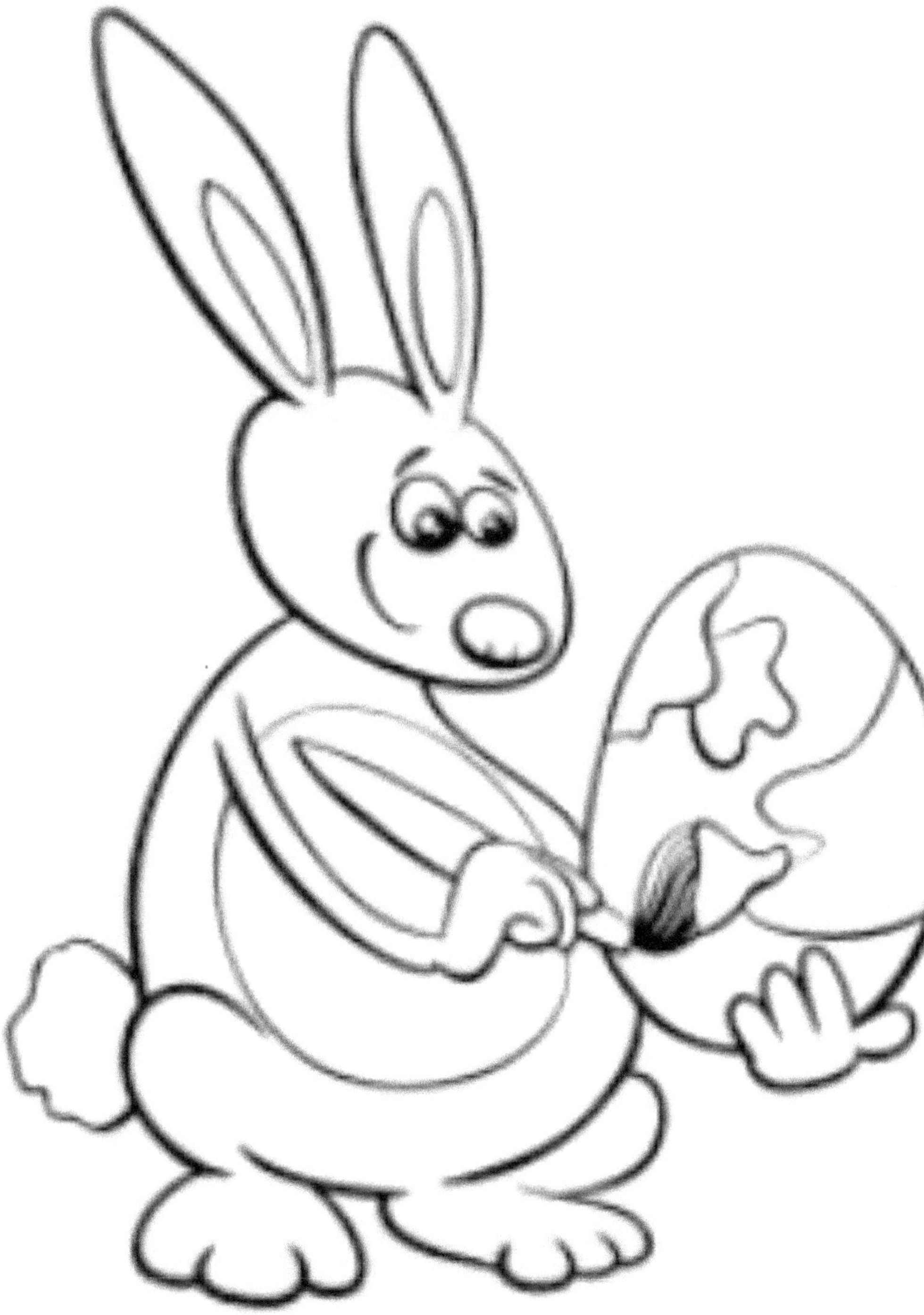

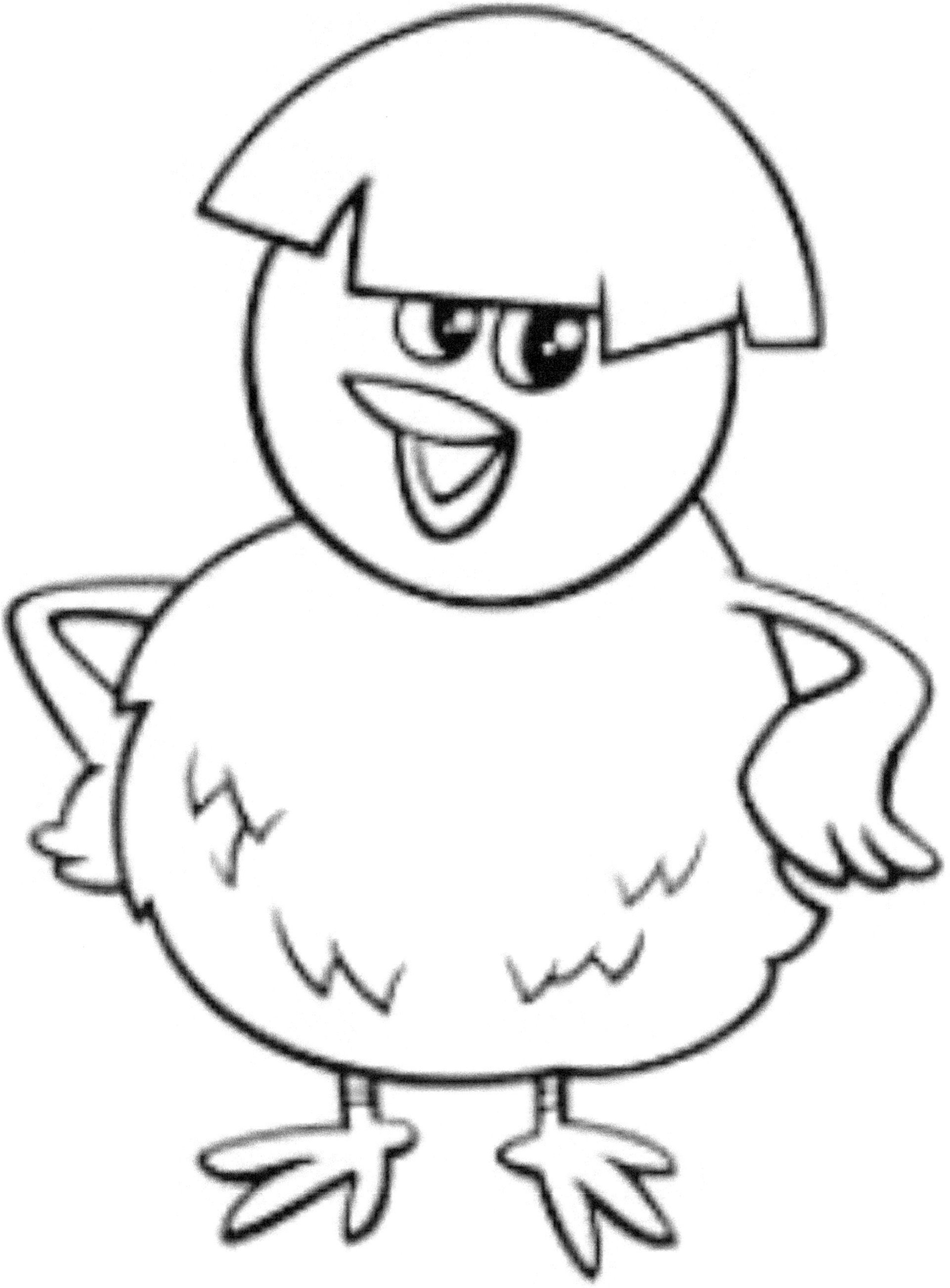

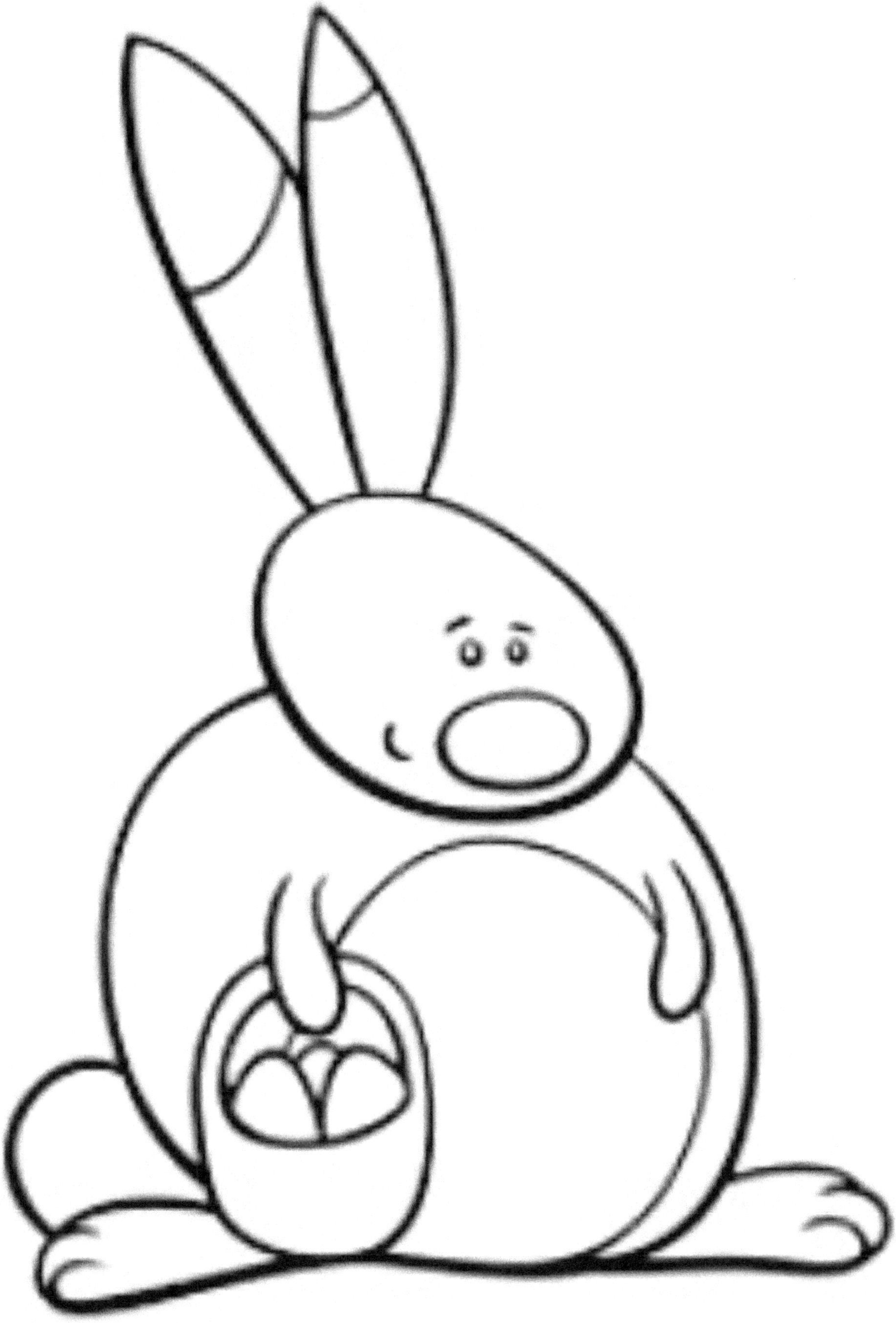

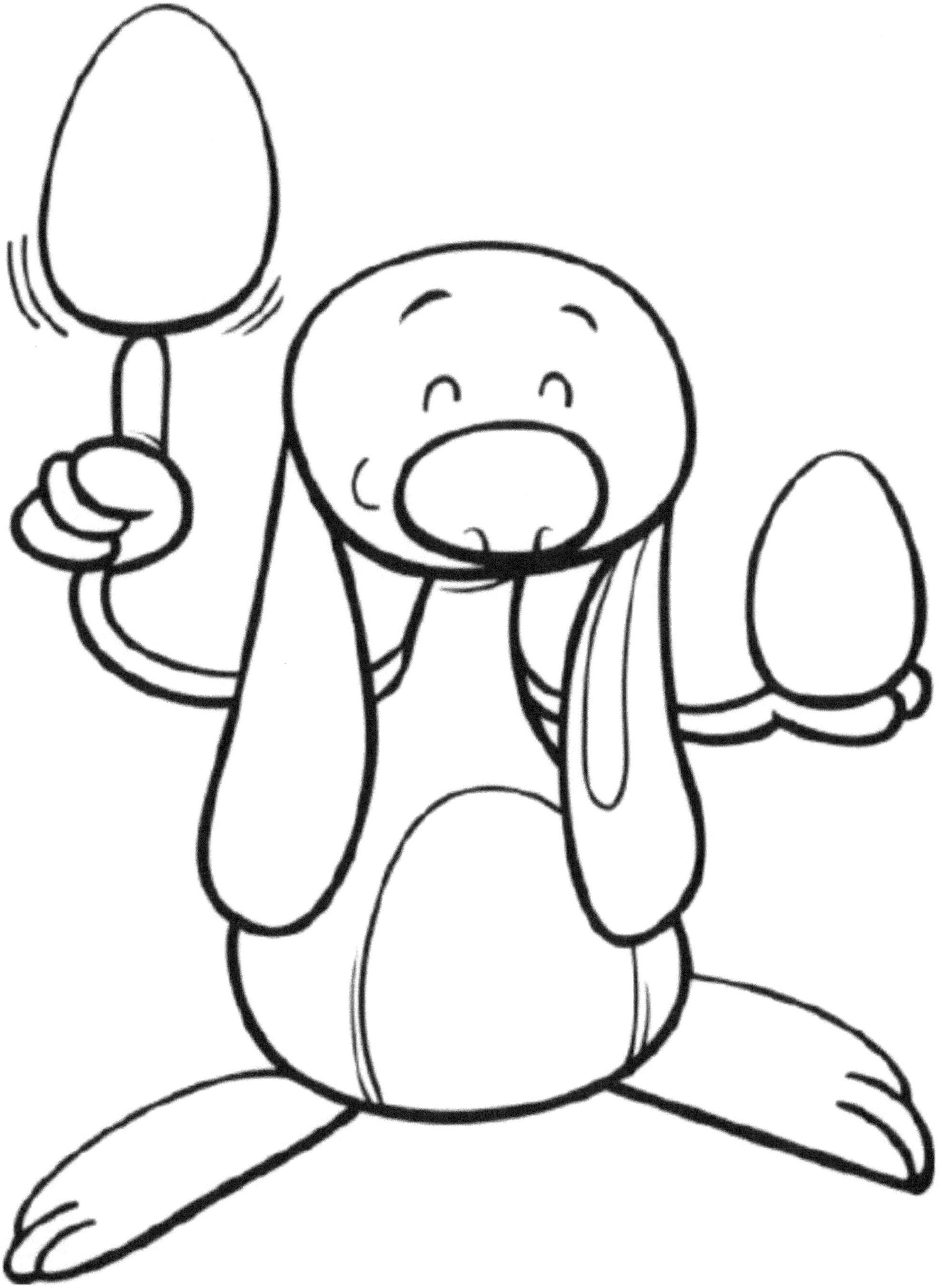

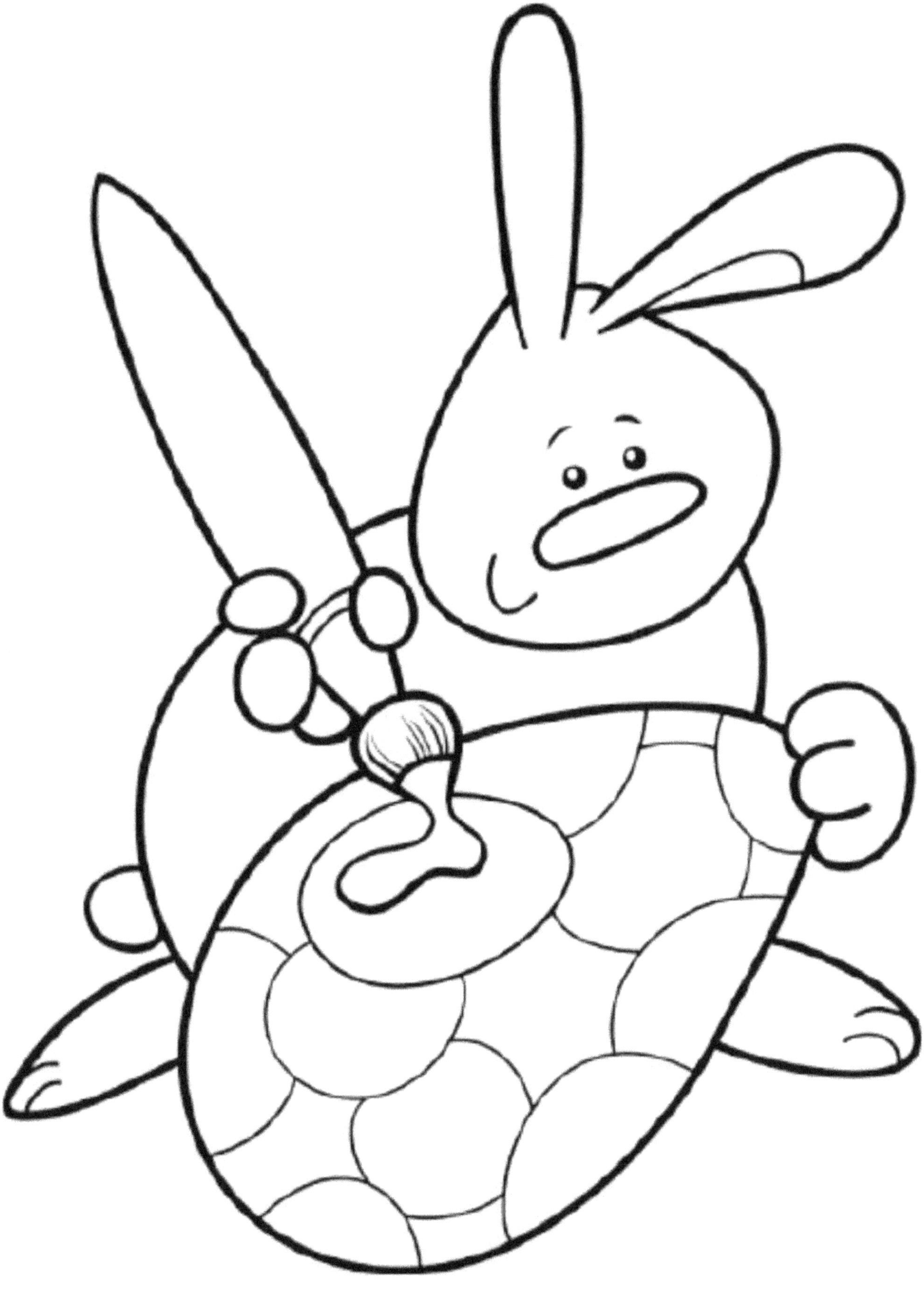

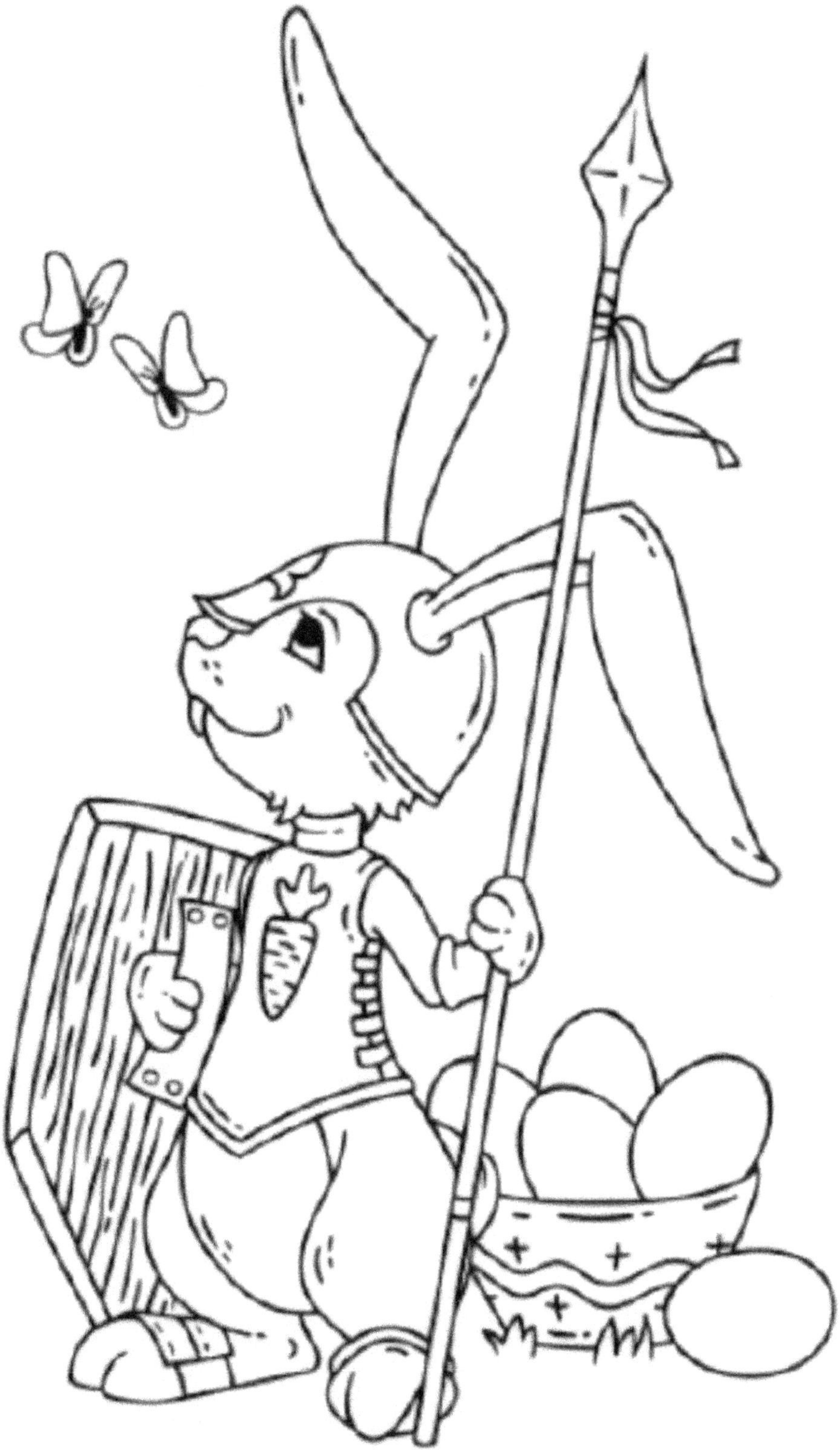

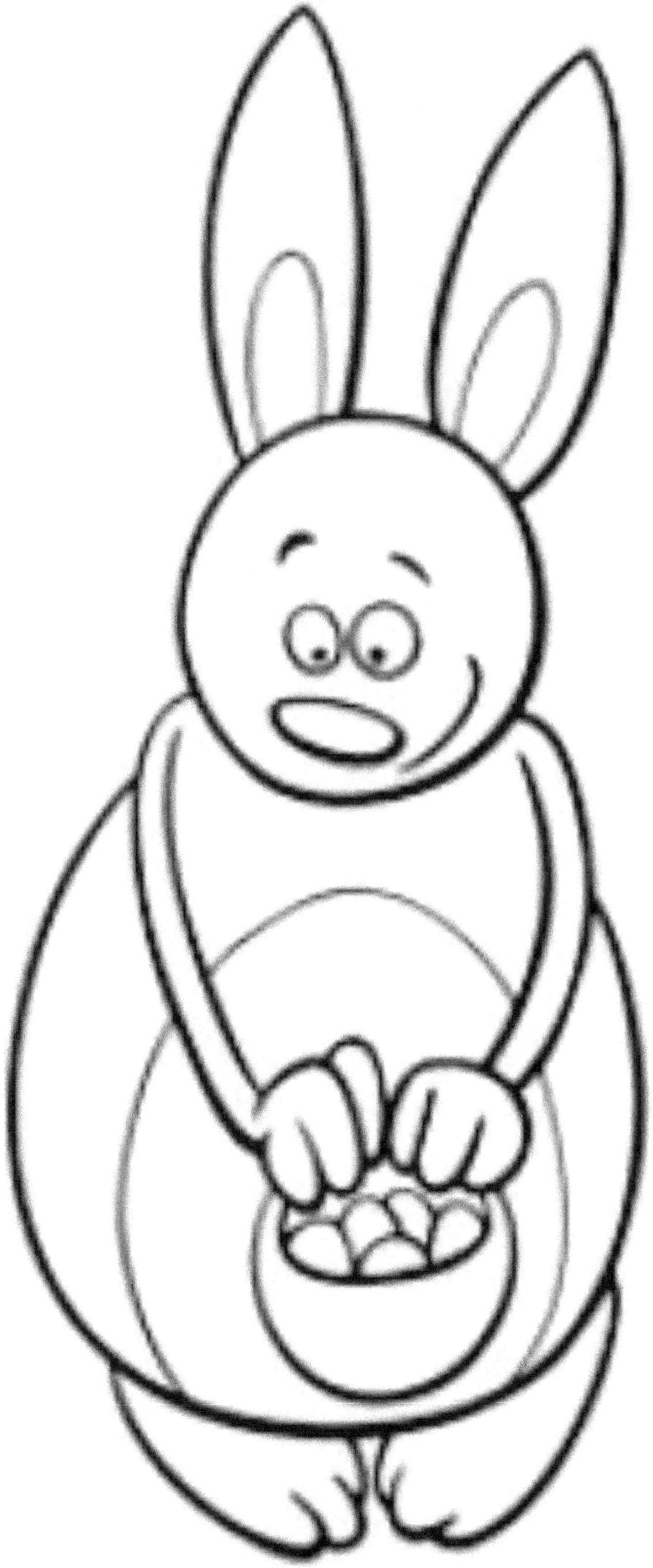

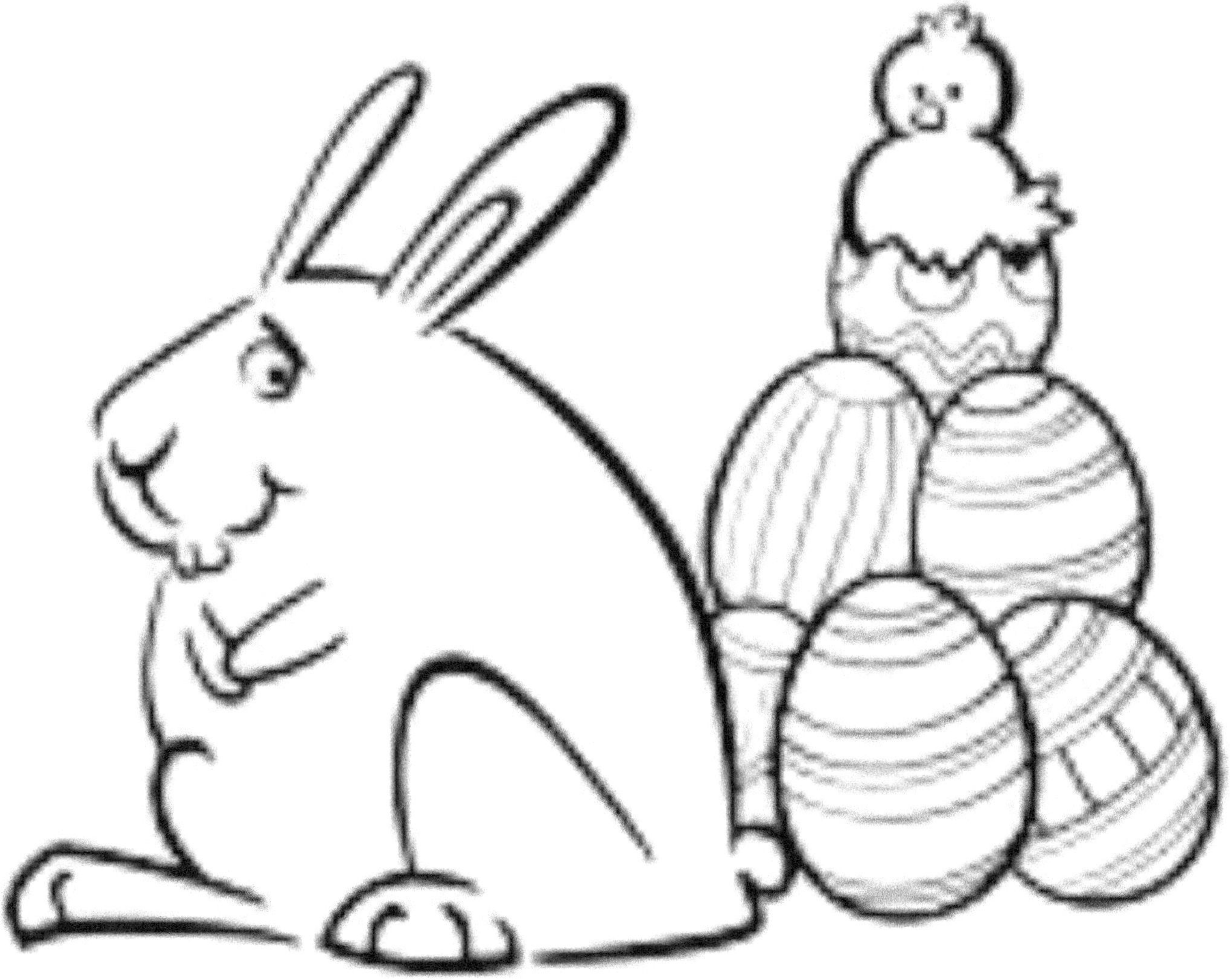

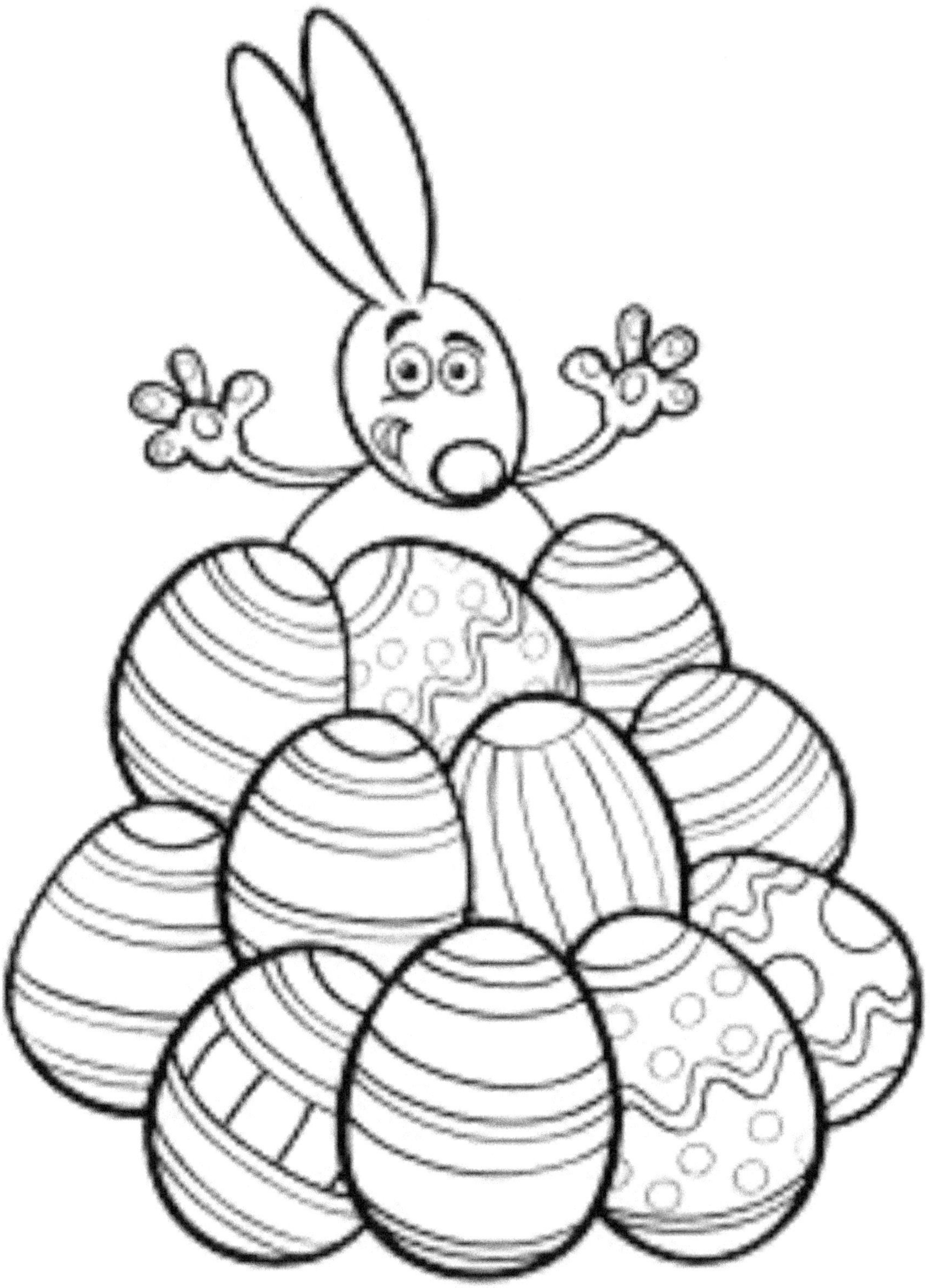

www.ingramcontent.com/pod-product-compliance
Lightning Source LLC
Chambersburg PA
CBHW080847220526
45467CB00008B/2416
*9798697269183*